파이팅!
加油!

쉽고 부담 없이 공부할 수 있는
하루 10분 학습 플래너

나의 학습 플랜 정하기

☐ 30일 완성　(하루에 Day 1개씩)

☐ 15일 완성　(하루에 Day 2개씩)

☐ 5일 완성　(하루에 Day 6개씩)

☐ ＿＿일 완성 (하루에 Day ＿＿ 개씩)

학습을 마친 Day 번호 체크해보기

1	2	3	4	5	6	7	8	9	10
11	12	13	14	15	16	17	18	19	20
21	22	23	24	25	26	27	28	29	30

중국어회화를 공부하는 하루 10분이 더 재밌어지는
해커스중국어 추가 자료 6종

무료		모바일 말하기 훈련 프로그램	책의 각 Day에 있는 QR코드를 찍어서 이용
무료		듣고 따라 말하기 MP3	해커스중국어(china.Hackers.com) 접속 후 로그인 ▶ 상단의 [교재/MP3 → 교재 MP3/자료] 클릭하여 이용
무료		활용단어 부록	본 책 안에 수록된 부록 보기
무료		수준별 중국어 회화 및 단어	해커스중국어(china.Hackers.com) 접속 후 로그인 ▶ 상단의 [무료 자료 → 데일리 학습자료] 클릭하여 이용
무료		중국어회화 레벨테스트	해커스중국어(china.Hackers.com) 접속 후 로그인 ▶ 상단의 [무료 자료 → 중국어 레벨테스트] 클릭하여 이용
할인		본 교재 동영상강의 (할인쿠폰 수록)	해커스중국어(china.Hackers.com) 접속 후 로그인 ▶ 상단의 [수강신청 → 회화] 클릭하여 이용

본 교재 인강 10,000원 할인쿠폰

64F53DE6DF68E2DA

이용방법
해커스중국어(china.Hackers.com) 접속 후 로그인 ▶
메인 우측 하단 [쿠폰 & 수강권 등록]에서 쿠폰 등록 후 강의 결제 시 사용 가능

* 쿠폰 등록 후 사용기간 : 7일
* 본 쿠폰은 1회에 한해 등록 가능합니다.
* 이 외 쿠폰 관련 문의는 해커스중국어 고객센터(T.02-537-5000)로 연락바랍니다.

해커스
왕/초/보
중국어회화
10분의
기적
기초중국어 말하기

해커스 어학연구소

목차

이것만은 알고 시작하자! 중국어 회화의 기본기

회화 공식1

상태나 상황을 말하는 공식

~hěn(很) + 형용사

(~는 형용사하다)

회화 공식2

동작을 말하는 공식

~동사 + 명사

(~는 명사를 동사하다)

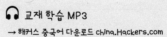

🎧 교재 학습 MP3

→ 해커스 중국어 다운로드 china.Hackers.com

중국어 말문이 트이는 **10분의 기적 학습법**

4가지 회화 공식만 알면 중국어가 쉬워진다!!!

회화 공식만 기억하면 당신의 중국어는 천하무적!
4가지 회화 공식만 알면 중국어 말문이 트여요.

QR코드로 듣고 싶은 음원 바로 듣기!!!

각 코너 별로 마련된 '따라 말하기' 버전과 '영화처럼 따라 말하기' 버전으로 정확한 발음도 익히고, 중국인들의 대화처럼 말해볼 수도 있어요. 또 Day 전체를 한 번에 들으며 공부하고 싶은 분들을 위한 '한 번에 학습하기' 버전도 있답니다.

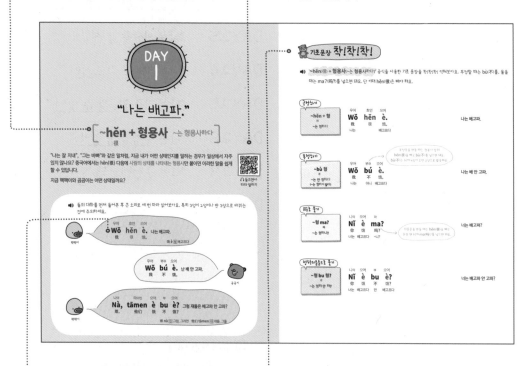

병음으로 쉽게 말문트기!!!

큼지막한 병음 덕분에, 한자를 몰라도 쉽게 따라 읽고, 정확하게 발음할 수 있답니다.

회화 공식 적용 기초 문장 입에 착! 붙이기!!!

회화 공식을 적용한 기초 문장들을 큰 소리로 따라 말해보아요. 긍정하기, 부정하기, 吗로 묻기, 정반의문문으로 묻기, 의문사로 묻기가 있어요.

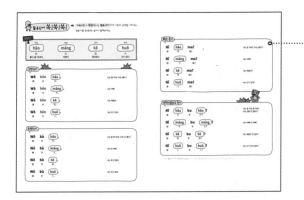

회화 공식에 활용단어 쏙! 넣어 말하기!!!

기초문장 착!착!착!에서 배운대로, 여러 가지 실생활 활용 단어를 회화 공식에 쏙!쏙!쏙! 넣어서 말해보아요.

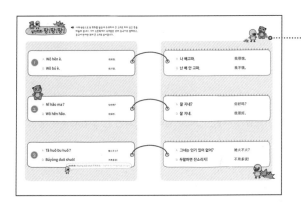

실전회화 팡! 터뜨리기!!!

앞에서 익힌 문장으로 실생활 회화를 팡!팡!팡! 터트려 보아요. 먼저 병음을 보고 따라 읽은 후, 우리말만 보고 중국어로 말해보아요. 마지막으로 한자만 보고도 읽을 수 있는지 확인해보세요. 어느새 중국어 말문이 트여있는 자신을 발견하게 될 거예요.

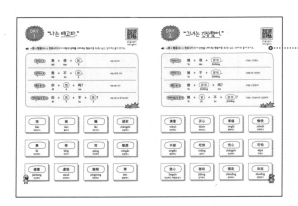

'활용단어 더 익혀보기'로 회화 공식 정복하기!!!

각 Day별로 회화 공식 문장에 넣어 말할 수 있는 더 많은 활용 단어를 익혀요. 새로운 단어를 부록 활용 단어 더 익혀보기에서 최대 12개까지 쏙!쏙! 넣어 따라 말하다보면, 오늘의 회화 공식은 완전 정복!

중국어란? 이 정도는 알고 가요

① 중국은 이런 나라예요

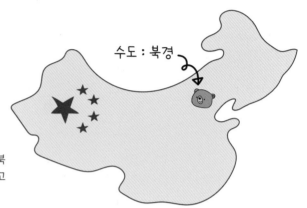

수도 : 북경

면적	약 960만㎢ (세계 4위)
인구	약 14억 (세계 1위)
표준어	보통화(普通话)
민족	총 56개 민족 (한족+55개 소수민족)

중국은 다민족 국가라 다양한 방언이 존재하는데, 북경어를 중심으로 정한 표준어를 보통화(普通话)라고 한답니다.

② 중국어 한자는 이렇게 생겼어요

중국은 1950년대부터 문맹률을 낮추기 위해 복잡한 번체자(繁体字) 대신 간략한 형태의 한자인 간체자(简体字)를 쓰기 시작했답니다.

간체자

韩国

한국

중국에서 사용해요!

번체자

韓國

한국

한국, 대만에서 사용해요!

3 중국어 발음은 병음으로 표기해요

한글과 달리 한자로 된 중국어는 글자와 소리가 달라서 한자만 보고는 발음하는 방법을 알기 힘들어요. 그래서 중국어 발음법을 나타내는 로마자 표기인 '병음'이 만들어졌답니다.

병음 = 성모 + 운모 + 성조

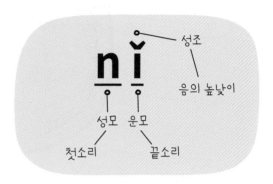

4 중국어에는 반말과 존댓말이 따로 없어요

중국어에는 반말과 존댓말의 구분이 없어서, 같은 말이라도 윗사람에게 하면 존댓말이 되고, 아랫사람에게 하면 반말이 된답니다.

예외적으로, 상대방을 높여서 부르고 싶을 땐 nǐ(你, 너)가 아닌 nín(您, 당신)을 사용할 수 있어요. 하지만 반드시 nín(您)을 사용하는 것은 아니랍니다.

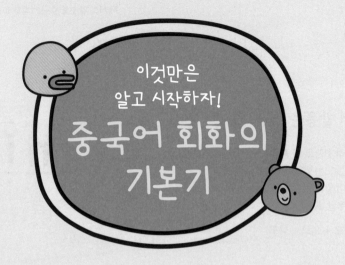

이것만은
알고 시작하자!
중국어 회화의 기본기

중국어 회화를 처음 시작할 때 꼭 알아야 하는 기초 발음, 기본 대명사, 숫자표현들,
그리고 중국어로 긍정하고 부정하고 묻는 법을 재밌게 익혀보아요.

그다음 〈해커스 왕초보 중국어회화 10분의 기적〉이 제시하는 4가지 회화 공식을 익혀보아요.
그러면 조금은 어렵게 느껴졌던 중국어 회화를 정말 정말 쉽게 시작할 수 있어요.

🎧 들으면서
따라 말하기

중국어 발음의 시작, <u>성모, 운모, 성조</u> 익히기

중국어 회화는 발음을 익히는 것부터 시작해야 해요. 중국어 발음은 첫소리인 성모, 끝소리인 운모, 그리고 중국어 발음의 가장 큰 특징인 말의 높낮이를 나타내는 성조를 익혀야 해요.

1 중국어 발음의 첫소리, 성모 한번에 익히기

성모는 중국어 발음의 첫소리로 우리말의 자음에 해당하는 부분이에요. 성모는 소리 내는 방식에 따라 6종류의 소리로 분류되며, 총 21개의 성모로 구성되어 있어요. 아래의 성모를 천천히 큰 소리로 따라 읽어보아요. 🎧

구분	병음			
입술을 이용해 내는 소리	b(o) [뽀어~]	p(o) [포어~]	m(o) [모어~]	f(o) [f오어~]
혀끝을 이용해 내는 소리	d(e) [뜨어~]	t(e) [트어~]	n(e) [느어~]	l(e) [르어~]
혀뿌리를 이용해 내는 소리	g(e) [끄어~]	k(e) [크어~]	h(e) [흐어~]	
혓바닥을 넓게 펴서 내는 소리	j(i) [찌이~]	q(i) [치이~]	x(i) [씨이~]	
혀끝과 윗니가 만나 내는 소리	z(i) [쯔으~]	c(i) [츠으~]	s(i) [쓰으~]	
혀를 둘둘 말아 내는 소리	zh(i) [쯔으~]	ch(i) [츠으~]	sh(i) [쓰으~]	r(i) [르으~]

2 중국어 발음의 끝소리, 운모 익히기

운모는 중국어 발음의 끝소리로 우리말의 모음에 해당하는 부분이에요. 운모는 6개의 단운모, 30개의 결합운모, 총 36개의 운모로 구성되어 있답니다.

1. 36개 운모 한번에 익히기

아래의 운모를 천천히 큰 소리로 따라 읽어보아요. 🎧

단운모	결합운모			
a [아아~]	**ao** [아오~]	**ai** [아이~]	**an** [아안~]	**ang** [아앙~]
o [오어~]	**ou** [어우~]	**ong** [오옹~]		
e [으어~]	**ei** [에이~]	**en** [으언~]	**eng** [으엉~]	**er** [으얼~]
i(yi) [이이~]	**ia**(ya) [이아~]	**ian**(yan) [이엔~]	**iang**(yang) [이앙~]	**iao**(yao) [이아오~]
	in(yin) [이인~]	**ing**(ying) [이잉~]		
	iou(you) [이어우~]	**iong**(yong) [이옹~]	**ie**(ye) [이에~]	
u(wu) [우우~]	**ua**(wa) [우아~]	**uan**(wan) [우안~]	**uang**(wang) [우앙~]	**uai**(wai) [우아이~]
	uen(wen) [우언~]	**ueng**(weng) [우엉~]	**uei**(wei) [우에이~]	**uo**(wo) [우어~]
ü(yu) [위이~]	**üe**(yue) [위에~]	**üan**(yuan) [위엔~]	**ün**(yun) [위인~]	

★ 단운모 'i, u, ü'와 그에 해당하는 결합운모들이 성모 없이 단독으로 쓰일 때는 'yi, wu, yu'로 표기한다는 것을 알아 두세요!.
 ü는 yu로 표기할 때와, ü가 성모 j, q, x 뒤에 올 때는 u로 표기한답니다.

2. 왕초보가 가장 헷갈리는 운모 마스터

중국어를 처음 시작할 때 특히 자주 헷갈리는 운모를 성모와 결합하여 따라 읽어봅니다. 🎧

① 운모 e는 '으어'로 발음해요. '에'로 발음하면 안 돼요.

ken [크언]	hen [흐언]	wen [우언]	weng [우엉]

② 운모 e가 다른 운모 i 또는 ü와 나란히 있으면 '으어'가 아닌 '에'로 발음해요.

ei [에이]	ie(ye) [이에]	uei(wei) [우에이]	üe(yue) [위에]
jie [찌에]	nüe [뉘에]	gei [게이]	

③ ian과 üan은 '이엔'과 '위엔'으로 발음해요. '이안' 및 '위안'으로 발음하지 않아요.

ian(yan) [이엔]	üan(yuan) [위엔]	jian [찌엔]	xuan [쉬엔]

④ ji, qi, xi의 운모 i는 '이'로 발음하고, zi, ci, si와 zhi, chi, shi, ri의 운모 i는 '으'로 발음해요.

ji [찌이]	qi [치이]	xi [씨이]	zi [쯔으]	ci [츠으]	si [쓰으]
zhi [쯔흥]	chi [츠흥]	shi [쓰흥]	ri [르흥]		

⑤ ju, qu, xu, yu는 '쮜이, 취이, 쉬이, 위이'로 발음해요. '쭈우, 추우, 쑤우, 이우'로 발음하지 않아요.

ju [쮜이]	qu [취이]	xu [쉬이]	yu [위이]
juan [쮜엔]	xue [쉬에]	yuan [위엔]	

⑥ iou, uen, uei는 성모와 결합할 경우, iu, un,ui로 표기하고 '이어우, 우언, 우에이'로 발음해요. '이우, 운, 우이'로 발음하지 않도록 주의해야 해요.

iou [이어우~] →	diu [띠어우~]	niu [니어우]	liu [리어우]	you [이어우]
uen [우언~] →	zun [쭈언~]	cun [추언~]	sun [쑤언~]	wen [우언~]
uei [우에이~] →	dui [뚜에이~]	tui [투에이~]	sui [쑤에이~]	wei [우에이~]

중국어는 글자마다 고유의 음을 가지고 있는데, 이를 성조라고 해요. 성모와 운모가 결합한 병음에 성조를 표시함으로써 비로소 의미를 갖는 중국어 단어가 완성돼요. 그래서 병음이 같아도 성조가 다르면 전혀 다른 의미의 단어가 된답니다.

1. 성조 한번에 끝내기

성조에는 1성, 2성, 3성, 4성 그리고 경성이 있으며 각각의 성조는 발음을 구성하는 매우 중요한 요소이므로 반드시 입에 착! 익혀두어야 합니다. 🎧

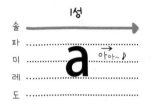

1성은 높고 길게 끌어주어야 해요. 끝까지 힘을 빼지 말고 '솔'의 음높이를 유지하는 것이 중요해요.

mā 마아	**jī 찌이**	**gē 끄어**
엄마	닭	노래

2성은 '레'의 음높이에서 '솔'로 단숨에 끌어올리며 뒤쪽에 힘을 넣어야 해요. 3성과 헷갈리지 않도록 반드시 낮은 음에서 높은 음으로 쭈욱~ 올려줘야 해요.

yóu 이어우	**yú 위이**	**niú 니어우**
기름	물고기	소

3성은 '레'의 음높이에서 최대한 아래로 내렸다가 가볍게 끝을 상승시켜요.

mǎ 마아	**mǐ 미이**	**sǎn 사안**
말	쌀	우산

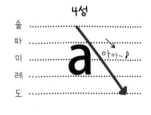

4성은 '솔'의 음높이에서 낮은 '도'까지 쭉 떨어뜨려야 해요. 4성의 첫소리를 높게 잡는 것이 중요한 포인트랍니다.

yòu 이어우	**ròu ⓡ어우**	**liù 리어우**
또	(동물의) 고기	숫자 6

경성은 특별한 음높이가 없이 짧고 가볍게 발음해요. 경성은 성조 표시를 하지 않아요.

bàba 빠아바	**yéye 이에예**
아버지	할아버지

2. 3성의 성조 변화 마스터

3성은 뒤에 오는 성조에 따라 '반 3성'과 '2성'으로 바꾸어 발음해야 해요. 3성은 음을 아래로 최대한 내렸다가 다시 위로 올려야 하므로, 다른 성조와 결합하여 발음할 때 말하기가 어려워지는데, 그래서 발음을 좀 더 쉽게 하기 위해 성조를 바꾸어 말한답니다. 3성의 성조 변화는 중국어 발음에서 매우 중요한 부분이므로, 반드시 마스터해야 해요. 🎧

3성+1성 → 반 3성+1성	메이티엔 **měitiān** 매일	라오쓰 **lǎoshī** 선생님	베이찡 **Běijīng** 베이징	슝어우뚜우 **shǒudū** 수도
3성+2성 → 반 3성+2성	메이구어 **Měiguó** 미국	ⓕ아구어 **Fǎguó** 프랑스	하이이양 **hǎiyáng** 해양, 바다	위이이엔 **yǔyán** 언어
3성+3성 → 2성+3성	슝우에이구어 **shuǐguǒ** 과일	슝어우비아오 **shǒubiǎo** 손목시계	위이사안 **yǔsǎn** 우산	슝어우으얼 **Shǒu'ěr** 서울
3성+4성 → 반 3성+4성	ⓕ언쓰어 **fěnsè** 분홍색	투우띠이 **tǔdì** 토지	구우리이 **gǔlì** 격려하다	마아루우 **mǎlù** 도로
3성+경성 → 반 3성+경성	나이나이 **nǎinai** 할머니	라오라오 **lǎolao** 외할머니	시이환 **xǐhuan** 좋아하다	우에이바 **wěiba** 꼬리

※ **bù(不)와 yī(一)의 성조 변화**: 원래 4성인 bù(不)는 뒤에 4성이 오면 2성으로 성조가 바뀌어요. 원래 1성인 yī(一)는 뒤에 1, 2, 3성이 오면 4성으로 성조가 바뀌고, 뒤에 4성이 오면 2성으로 바뀌어요. bù(不)와 yī(一)는 바뀐 성조를 그대로 표기하니 병음에 표기된 성조대로 발음하면 돼요.

bù(不) + 1성	bù hē 마시지 않는다	yī(一) + 1성 → 4성 + 1성	yì duī 한 더미
bù(不) + 2성	bù dú 읽지 않는다	yī(一) + 2성 → 4성 + 2성	yì tái (기계) 한 대
bù(不) + 3성	bù hǎo 좋지 않다	yī(一) + 3성 → 4성 + 3성	yì běn 한 권
bù(不) + 4성 → 2성 + 4성	bú kàn 보지 않는다	yī(一) + 4성 → 2성 + 4성	yí liàng (자동차) 한 대

11 나, 너, 우리, <u>기본 대명사</u> 익히기

대명사는 사람이나 사물을 가리킬 때 쓰는 말로 크게 인칭 대명사, 지시 대명사로 나뉘어요. 여기서는 이러한 대명사를 의문사와 함께 익혀볼 거예요. 인칭 대명사와 의문사는 중국어 회화를 쉽게 학습하는 데 꼭 필요하므로 음원을 듣고 큰 소리로 따라 읽으며 잘 익혀보아요. 🎧

1 인칭 대명사 말하기

인칭 대명사란 우리말의 '나, 너, 그, 그녀, 우리'처럼 사람을 대신하여 지칭하는 말이에요. 단수형 인칭 대명사 뒤에 men(们, ~들)만 붙이면 복수의 의미를 나타낼 수 있어요.

	단수		복수	
1인칭	우어 **wǒ** 我	나	우어먼 **wǒmen** 我们	우리들
2인칭	니이 **nǐ** 你	너	니이먼 **nǐmen** 你们	너희들
3인칭	타아 **tā** 他	그	타아먼 **tāmen** 他们	그들
	타아 **tā** 她	그녀	타아먼 **tāmen** 她们	그녀들
	타아 **tā** 它	그것(사물, 동물)	타아먼 **tāmen** 它们	그것들

2 지시 대명사 말하기

지시 대명사란 사물 또는 사람을 가리키는 말이에요. 각 지시 대명사 뒤에 ge(个, 개)만 붙이면 '이것', '저것'의 의미를 나타낼 수 있어요.

가까이 있을 때	쯔어 **zhè** 这	이	쯔어 거 **zhège** 这个	이것
거리가 있을 때	나아 **nà** 那	저	나아 거 **nàge** 那个	저것

3 의문사 말하기

의문사란 의문문을 만들어 주며, 누구, 무엇, 어디 등에 대해 묻고 싶을 때 사용하면 돼요.

누구	슈에이 **shéi** 谁	shéi(谁, 누구)의 말꼬리를 올려 말하면 그대로 "누구야?"라는 회화 문장이 돼요.
무엇	슈언머 **shénme** 什么	shénme(什么, 무엇)의 말꼬리를 올려 말하면 "뭐야?'라는 회화 문장이 돼요.
어디	나알 **nǎr** 哪儿	nǎr(哪儿, 어디)은 장소를 물어볼 때 쓰는 말이에요.
얼마나	뚜어 **duō** 多	나이, 키, 몸무게 등을 물어볼 때 주로 사용하는 의문사예요. 의문사 duō(多, 얼마나) 다음에 각각 dà(大, 크다), gāo(高, 높다), zhòng(重, 무겁다)을 붙이면 돼요. 多가 의문사이므로 duōdà(多大, 몇 살이야), duōgāo(多高, 키가 몇이야), duōzhòng(多重, 몸무게가 몇이야)은 모두 의문문이 됩니다.
몇	지이 **jǐ** 几	jǐ(几, 몇)는 10보다 적은 개수나 사람의 수를 물을 때 주로 사용해요.
얼마/몇	뚜어슈아오 **duōshao** 多少	duōshao(多少, 얼마/몇)는 10 이상의 수량을 물을 때 주로 사용해요. 하지만 꼭 10 이상의 수량이 아니더라도 금액이나 양을 물을 때 자주 사용된답니다.

이, 얼, 싼, **숫자표현** 익히기

중국어 숫자는 우리나라에서 숫자를 읽는 발음과 조금 비슷해서 쉽고 재밌게 익힐 수 있어요. 또한 화폐, 길이, 무게 단위를 익혀두면 숫자를 사용한 간단한 회화를 할 수 있어요. 중국어의 여러 숫자표현을 큰 소리로 따라 읽어보아요. 🎧

1 기본 숫자 말하기

1	2	3	4	5
이이	으얼	싼안	쓰으	우우
一	二	三	四	五
yī	èr	sān	sì	wǔ

6	7	8	9	10
리어우	치이	빠아	지어우	스ⓗ
六	七	八	九	十
liù	qī	bā	jiǔ	shí

0	100	1000	10000	
리잉	바이	치엔	우안	
零	百	千	万	
líng	bǎi	qiān	wàn	

2 다양한 숫자 말하기

12	20	417
스ⓗ으얼	으얼스ⓗ	쓰으바이 이이스ⓗ치이
十二 십이	二十 이십	四百一十七 사백십칠
shí'èr	èrshí	sìbǎi yīshí qī
*두 자리 수에서 십의 단위 숫자가 1일 경우, 一(yī)없이 바로 十(shí)로 시작해요.	*일의 자리가 0으로 끝날 경우 그 앞의 단위까지만 읽어요. 우리말과 똑같아요.	*세 자리 수 이상에서 십의 단위가 1일 경우, 一(yī)를 생략하지 않고 꼭 읽어야 해요.

803	5009	22200
빠아바이 리잉 싼안	우우치엔 리잉 지어우	리앙우안 리앙치엔 리앙바이
八百零三 팔백삼	五千零九 오천구	两万两千两百 이만이천이백
bābǎi líng sān	wǔqiān líng jiǔ	liǎngwàn liǎngqiān liǎngbǎi
*0이 중간에 나오면 반드시 0을 뜻하는 零(líng)을 읽어줘야 해요.	*0이 여러 개가 나와도 零(líng)은 한 번만 읽어요.	*이만, 이천, 이백을 나타낼 때 二(èr)과 两(liǎng)을 둘 다 쓸 수 있지만 회화에서는 两을 더 많이 사용해요.

화폐 단위와 금액 말하기

1. 화폐 단위 말하기

人民币 rénmínbì 인민폐 *중국 화폐는 한자 그대로 인민폐라고 불러요.	중국 화폐에 적혀 있는 화폐 단위			말할 때 사용하는 화폐 단위	
	元	yuán 위안	➡	块	kuài 콰이
	角	jiǎo 지아오 (0.1위안)	➡	毛	máo 마오(0.1콰이)
	分	fēn 펀(0.01위안)	➡	分	fēn 펀(0.01콰이)

2. 금액 말하기

빠아 쿠아이 이이 마오 치이 ①언

8. 1 7 元　8위안 1지아오 7펀

bā kuài yì máo qī fēn
八 块 一 毛 七 分

쓰으 ⓗ 싸안 쿠아이

43元　43위안

sìshísān kuài
四十三　块

리앙 바이 우우 ⓗ 쓰으 쿠아이 치이 마오 빠아 ①언

254.7 8元　254위안 7지아오 8펀

liǎng bǎi wǔshísì kuài qī máo bā fēn
两 百 五十四 块 七 毛 八 分

중국어로 긍정하기, 부정하기, 묻기

우리가 일상에서 대화를 하다 보면, 긍정하기도 하고, 부정하기도 하고, 묻기도 합니다. 여기서는 중국어로 긍정하기, 부정하기, 묻기를 어떻게 하는지 알아볼 거예요. 특히 중국어로 묻기는 세 가지 방법이 있다는 것을 함께 알아볼 거예요. 아래의 각 문장을 큰 소리로 따라 읽으면 중국어로 긍정하기, 부정하기, 묻기를 더 쉽게 익힐 수 있어요. 🎧

☐ 긍정하기

중국어로 긍정하기는 긍정문을 사용해서 말하는 방법이에요. 중국어의 긍정문은 우리말과 말의 순서가 조금 달라요. 우리말에서는 "나는 너를 생각한다"의 순서로 말하지만, 중국어에서는 "나는 생각한다 너를"의 순으로 말해요. 참고로 중국어로 "나는 너를 생각한다"라는 말은 "나는 네가 보고 싶어"라는 뜻으로 회화에서 자주 쓰여요.

우어	씨앙	니이
Wǒ	**xiǎng**	**nǐ.**
我	想	你。
나는	생각하다	너를

나는 너를 생각해.
(나는 네가 보고 싶어.)

我 wǒ 때 나 想 xiǎng 통 생각하다 你 nǐ 때 너, 당신

② 부정하기

중국어로 부정하기는 부정문을 사용해서 말하는 방법이에요. 중국어의 부정문은 긍정문의 동사 앞에 bù(不, 아니)만 붙이면 돼요. 정말 쉽죠?

우어	뿌우	씨앙	니이
Wǒ	**bù**	**xiǎng**	**nǐ.**
我	不	想	你。
나는	아니	생각하다	너를

나는 너를 안 생각해.
(나는 네가 안 보고 싶어.)

不 bù 튀 아니

③ 吗 의문문으로 묻기

중국어로 묻기를 하는 첫 번째 방법은 바로 ma(吗) 의문문으로 묻는 것이에요. ma(吗) 의문문은 긍정문의 맨 끝에 ma(吗)?를 붙인 문장이에요. 긍정문으로 말하다가 맨 끝에 ma(吗)?만 붙이면 묻기가 된답니다. '네/아니오'의 답변을 바랄 때 바로 ma(吗) 의문문으로 물으면 돼요.

니이	씨앙	우어	마
Nǐ	**xiǎng**	**wǒ**	**ma?**
你	想	我	吗?
너는	생각하다	나를	니?

너는 나를 생각해?
(너는 내가 보고 싶어?)

4 정반의문문으로 묻기

중국어로 묻기를 하는 두 번째 방법은 정반의문문으로 묻는 것이에요. 중국어의 정반의문문은 우리말의 "했어 안했어"와 똑같은 방식의 의문문으로, 동사의 긍정형과 부정형을 나란히 써서 'A bu(不) A'의 형태를 만들면 돼요. 이때 bù(不)는 4성이 아닌 경성으로 말하고, 'A bu(不) A'를 한 덩어리로 빨리 발음하는 것이 포인트예요.

니이	씨앙	부	씨앙	우어
Nǐ	**xiǎng**	**bu**	**xiǎng**	**wǒ?**
你	想	不	想	我?
너는	생각하다	아니	생각하다	나를

너는 나를 생각해 안 생각해?
(너는 내가 보고 싶니, 안 보고 싶니?)

5 의문사 의문문으로 묻기

중국어로 묻기를 하는 세 번째 방법은 의문사 의문문으로 묻는 것이에요. 의문사 의문문은 "누구야?", "뭐야?" 등과 같이 특정 정보를 얻고 싶을 때에는 사용하는데, 중국어에서는 shéi(谁,누구), shénme(什么, 무엇)와 같은 의문사를 사용하면 돼요. 의문사는 그 자체로 묻는 역할을 하므로 문장의 맨 끝에 ma(吗)?를 붙이지 않아도 돼요.

니이	씨앙	ⓢ에이
Nǐ	**xiǎng**	**shéi?**
你	想	谁?
너는	생각하다	누구를

너는 누굴 생각해?
(너는 누가 보고 싶니?)

니이	씨앙	ⓢ언머
Nǐ	**xiǎng**	**shénme?**
你	想	什么?
너는	생각하다	무엇을

너는 무엇을 생각해?
(너는 무엇이 보고 싶니?)

알고 나면 중국어가 쉬워지는 <u>4가지 회화 공식</u>

중국어의 문장에는 크게 형용사술어문, 동사술어문, 명사술어문, 그리고, 조동사를 사용하는 문장이 있어요. 그런데, 이 4가지 종류의 문장을 어려운 어법이 아닌 간단한 공식으로 이해하여, 교체 가능한 부분에 말하고 싶은 단어만 쏙!쏙! 넣으면 중국어가 정말 정말 쉬워진답니다. 이제부터 중국어 말하기가 정말 쉬워지는 4가지 회화 공식을 알아볼까요? 🎧

회화 공식1 상태나 상황을 말하는 공식 ~hěn(很) + 형용사 (~는 형용사하다)

"배고파", "맛있어", "더워"와 같은 상태나 상황을 말하는 경우가 정말 자주 있죠? 이러한 말을 중국어로 하고 싶을 때 사용하는 공식이에요. hěn(很) 다음에 말하고 싶은 상태나 상황을 나타내는 형용사만 넣으면 된답니다. 여기서 hěn(很)은 특별한 의미없이 형용사 앞에 습관적으로 붙여 쓰는 말이에요. 형용사를 술어로 사용하기 때문에 회화 공식1을 형용사술어문이라고 해요.

회화 공식2 동작을 말하는 공식 ~동사 + 명사 (~는 명사를 동사하다)

"밥을 먹는다", "영화를 본다", "학교에 간다"와 같이 동작을 나타내는 말을 우리는 일상에서 정말 흔히 사용하고 있어요. 이러한 말을 중국어로 하고 싶을 때 바로 회화 공식2를 사용하면 된답니다. 동작을 나타내는 동사와 동작의 대상을 "동사+명사"의 공식으로 말하면 돼요. 동사를 술어로 사용하기 때문에 회화 공식2를 동사술어문이라고 해요.

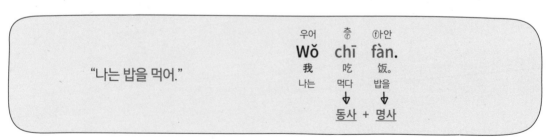

회화 공식3 숫자표현을 사용한 공식 **~숫자표현** (~는 숫자표현이다)

"나는 38살이야.", "지금은 3시야"처럼 숫자표현으로 나타내는 날짜, 나이, 금액, 시간을 포함한 말을 우리는 거의 매일 합니다. 회화 공식 3은 바로 이러한 말을 중국어로 할 때 사용하는 공식이에요. 중국어에서는 이러한 숫자표현을 명사로 취급하는데, 회화 공식 3은 숫자표현 명사를 술어로 사용하므로 명사술어문이라고 해요.

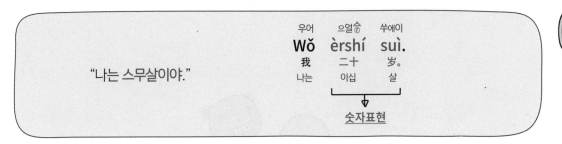

"나는 스무살이야."

우어 으얼싈 쑤에이
Wǒ èrshí suì.
我 二十 岁。
나는 이십 살

↓
숫자표현

회화 공식4 조동사를 사용한 공식 **~조동사 + 동사 + 명사** (~는 명사를 동사 조동사하다)

"제주도에 가고 싶어", "수영할 줄 알아", "운전해도 돼"와 같이 어떤 동작에 바람(~하고 싶다), 능력(~할 수 있다), 허가(~해도 된다) 등의 의도를 추가하여 말하고 싶은 경우가 정말 자주 있지 않나요? 회화 공식 4는 바로 중국어로 이러한 의도를 말하고 싶을 때 쓰는 공식이에요. 동사앞에 자신의 의도를 나타내는 조동사만 붙이면 된답니다.

"나는 제주도 가고 싶어."

우어 씨앙 취이 찌이쭈어우다오
Wǒ xiǎng qù Jìzhōudǎo.
我 想 去 济州岛。
나는 ~하고 싶다 가다 제주도에

↓ ↓ ↓
조동사 + 동사 + 명사

해커스중국어
china.Hackers.com

상태나 상황을 말하는 공식

회화 공식1

~hěn+형용사
很
(~는 형용사하다)

[~hěn(很)+형용사(~는 형용사하다)]는 "배고파", "맛있어", "더워"와 같이
어떤 상태나 상황을 말할 때 쓰는 공식이에요.
형용사를 술어로 사용하기 때문에 회화 공식을 형용사술어문이라고 한답니다.
형용사 앞에 있는 hěn(很)은 원래 '매우'라는 뜻이지만 형용사술어문에서는
이러한 의미 없이 습관적으로 붙여 사용한다는 것도 알아 두세요!

DAY1   "나는 배고파."

DAY2   "그녀는 긴장했어."

DAY3   "나는 귀여워."

DAY4   "이건 비싸."

DAY5   "이건 맛있어."

DAY6   "여긴 더워."

"나는 배고파."

[~hěn + 형용사 ~는 형용사하다]
很

"나는 잘 지내", "그는 바빠"와 같은 말처럼, 지금 내가 어떤 상태인지를 말하는 경우가 일상에서 자주 있지 않나요? 중국어에서는 hěn(很) 다음에 사람의 상태를 나타내는 형용사만 붙이면 이러한 말을 쉽게 할 수 있답니다.

지금 꽥꽥이와 곰곰이는 어떤 상태일까요?

🎧 들으면서
따라 말하기

🔊 둘의 대화를 먼저 들어본 후 큰 소리로 세 번 따라 읽어보아요. 특히 3성이 2성이나 반 3성으로 바뀌는 것에 주의하세요.

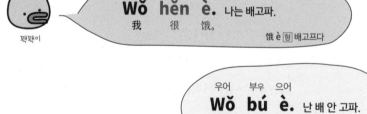

우어 흐언 으어
Wǒ hěn è. 나는 배고파.
我   很   饿。

饿 è [형] 배고프다

꽥꽥이

우어 부우 으어
Wǒ bú è. 난 배 안 고파.
我   不   饿。

곰곰이

나아 타아먼   으어 부 으어
Nà, tāmen è bu è? 그럼 쟤들은 배고파 안 고파?
那,   他们   饿 不 饿?

那 nà [접] 그럼, 그러면   他们 tāmen [대] 쟤들, 그들

꽥꽥이

 기초문장 착!착!착!

🔊 '~hěn(很) + 형용사(~는 형용사하다)' 공식을 사용한 기초 문장을 착!착!착! 익혀보아요. 부정할 때는 bù(不)를, 물을 때는 ma?(吗?)를 넣으면 돼요. 단 이때 hěn(很)은 빼야 해요.

긍정하기

~hěn + 형
很
~는 형하다

우어　흐언　으어
Wǒ　hěn　è.
我　很　饿。
나는　　　배고프다

나는 배고파.

부정하기

~bù 형
不
~는 안 형하다
(~는 형하지 않다)

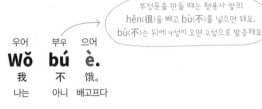
부정문을 만들 때는 형용사 앞의 hěn(很)을 빼고 bù(不)를 넣으면 돼요. bù(不)는 뒤에 4성이 오면 2성으로 발음해요.

우어　부우　으어
Wǒ　bú　è.
我　不　饿。
나는　아니　배고프다

나는 배 안 고파.

吗로 묻기

~형 ma?
吗
~는 형하니?

니이　으어　마
Nǐ　è　ma?
你　饿　吗?
너는　배고프다　~니?

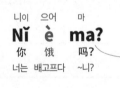
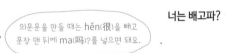
의문문을 만들 때는 hěn(很)을 빼고 문장 맨 뒤에 ma(吗)?를 넣으면 돼요.

너는 배고파?

정반의문문으로 묻기

~형 bu 형?
不
~는 형해 안 해?

니이　으어　부　으어
Nǐ　è　bu　è?
你　饿　不　饿?
너는　배고프다　안　배고프다

너는 배고파 안 고파?

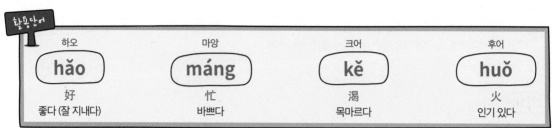

활용단어 쏙!쏙!쏙! '~hěn(很) + 형용사(~는 형용사하다)'에 사람의 상태를 나타내는
형용사를 쏙!쏙!쏙! 넣어서 말해보세요.

활용단어

하오	마앙	크어	후어
hǎo	**máng**	**kě**	**huǒ**
好	忙	渴	火
좋다 (잘 지내다)	바쁘다	목마르다	인기 있다

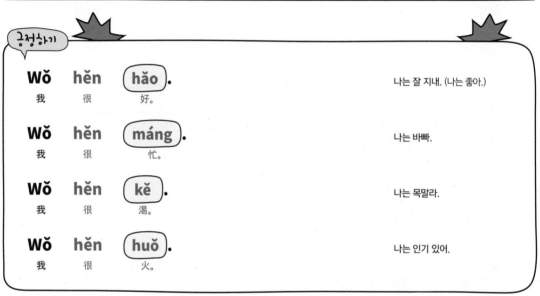

긍정하기

| Wǒ | hěn | hǎo . | 나는 잘 지내. (나는 좋아.) |
| 我 | 很 | 好。 | |

| Wǒ | hěn | máng . | 나는 바빠. |
| 我 | 很 | 忙。 | |

| Wǒ | hěn | kě . | 나는 목말라. |
| 我 | 很 | 渴。 | |

| Wǒ | hěn | huǒ . | 나는 인기 있어. |
| 我 | 很 | 火。 | |

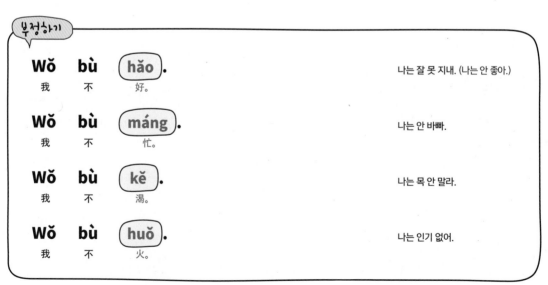

부정하기

| Wǒ | bù | hǎo . | 나는 잘 못 지내. (나는 안 좋아.) |
| 我 | 不 | 好。 | |

| Wǒ | bù | máng . | 나는 안 바빠. |
| 我 | 不 | 忙。 | |

| Wǒ | bù | kě . | 나는 목 안 말라. |
| 我 | 不 | 渴。 | |

| Wǒ | bù | huǒ . | 나는 인기 없어. |
| 我 | 不 | 火。 | |

해커스 왕초보 중국어회화 10분의 기적 기초중국어 말하기

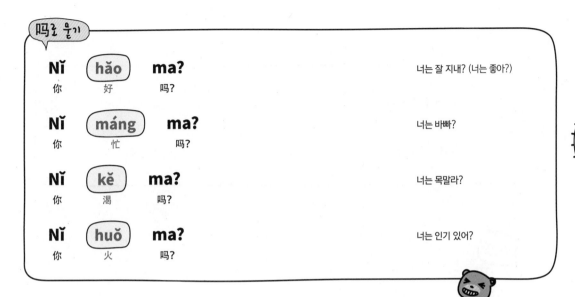

吗로 묻기

Nǐ **hǎo** ma?
你 好 吗?
너는 잘 지내? (너는 좋아?)

Nǐ **máng** ma?
你 忙 吗?
너는 바빠?

Nǐ **kě** ma?
你 渴 吗?
너는 목말라?

Nǐ **huǒ** ma?
你 火 吗?
너는 인기 있어?

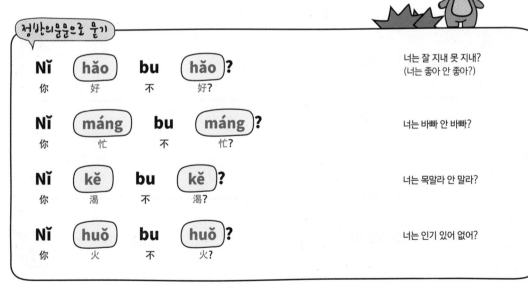

정반의문문으로 묻기

Nǐ **hǎo** bu **hǎo**?
你 好 不 好?
너는 잘 지내 못 지내?
(너는 좋아 안 좋아?)

Nǐ **máng** bu **máng**?
你 忙 不 忙?
너는 바빠 안 바빠?

Nǐ **kě** bu **kě**?
你 渴 不 渴?
너는 목말라 안 말라?

Nǐ **huǒ** bu **huǒ**?
你 火 不 火?
너는 인기 있어 없어?

★ 부록 〈활용단어 더 익혀보기〉 p.212에서 더 많은 활용단어를 공식에 쏙! 넣고 입에 착! 붙여 보아요.

1

A Wǒ hěn è. 　　　　　　　　　　　我很饿。

B Wǒ bú è. 　　　　　　　　　　　我不饿。

2

A Nǐ hǎo ma? 　　　　　　　　　你好吗?

B Wǒ hěn hǎo. 　　　　　　　　我很好。

3

A Tā huǒ bu huǒ? 　　　　　　　她火不火?

B Búyòng duō shuō! 　　　　　　不用多说!

양념톡!톡! Búyòng duō shuō(不用多说) = 두말하면 잔소리지 (많이 말할 것도 없지)

A 나 배고파.　　　　　　　　　　　我很饿。

B 난 배 안 고파.　　　　　　　　　　我不饿。

A 잘 지내?　　　　　　　　　　　　你好吗?

B 잘 지내.　　　　　　　　　　　　我很好。

A 그녀는 인기 있어 없어?　　　　　　她火不火?

B 두말하면 잔소리지!　　　　　　　　不用多说!

DAY 2

"그녀는 긴장했어."

[~hěn + 형용사 ~는 형용사하다]
很

"그는 즐거워", "그녀는 기뻐"와 같은 말처럼, 본인이나 다른 사람의 감정이 어떻다고 말하는 경우가 일상에서 자주 있지 않나요? 중국어에서는 hěn(很) 다음에 감정을 나타내는 형용사만 붙이면 이러한 말을 쉽게 할 수 있답니다.

지금 꽥꽥이와 곰곰이는 어떤 감정을 느끼고 있을까요?

🎧 들으면서
따라 말하기

🔊 둘의 대화를 먼저 들어본 후 큰 소리로 세 번 따라 읽어보아요. 특히 3성이 2성이나 반 3성으로 바뀌는 것에 주의하세요.

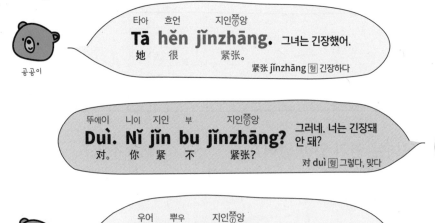

곰곰이

타아   흐언   지인쯩앙
Tā hěn jǐnzhāng. 그녀는 긴장했어.
她 很   紧张。

紧张 jǐnzhāng 형 긴장하다

뚜에이 니이 지인 부   지인쯩앙
Duì. Nǐ jǐn bu jǐnzhāng? 그러네. 너는 긴장돼 안 돼?
对。 你 紧 不   紧张?

对 duì 형 그렇다, 맞다

꽥꽥이

우어 뿌우 지인쯩앙
Wǒ bù jǐnzhāng. 나는 긴장 안 돼.
我 不   紧张。

곰곰이

기초문장 착!착!착!

🔊 '~hěn(很) + 형용사(~는 형용사하다)' 공식을 사용한 기초 문장을 착!착!착! 익혀보아요. 부정할 때는 bù(不)를, 물을 때는 ma?(吗?)를 넣으면 돼요. 단 이때 hěn(很)은 빼야 해요.

긍정하기

~hěn + 형		
很		
~는 형하다		

타아　　흐언　　지인쯩앙
Tā　hěn　jǐnzhāng.
她　　很　　紧张。
그녀는　　　　긴장하다

그녀는 긴장했어.

부정하기

~bù 형		
不		
~는 안 형하다		
(~는 형하지 않다)		

타아　　뿌우　　지인쯩앙
Tā　bù　jǐnzhāng.
她　　不　　紧张。
그녀는　아니　긴장하다

그녀는 안 긴장했어.

吗로 묻기

~형 ma?		
吗		
~는 형하니?		

타아　　지인쯩앙　　　마
Tā　jǐnzhāng　ma?
她　　紧张　　　　吗?
그녀는　긴장하다　　~니?

그녀는 긴장했어?

정반의문문으로 묻기

~형 bu 형?		
不		
~는 형해 안 해?		

타아　　지인　　부　　지인쯩앙
Tā　jǐn　bu　jǐnzhāng?
她　　紧　　不　　紧张?
그녀는　긴장하다　안　긴장하다

그녀는 긴장했어 안 했어?

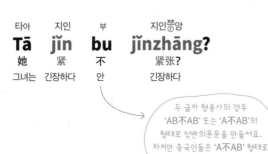

두 글자 형용사의 경우
'AB不AB' 또는 'A不AB'의
형태로 정반의문문을 만들어요.
하지만 중국인들은 'A不AB' 형태로
더 자주 말한답니다.

🔊 '~hěn(很) + 형용사(~는 형용사하다)'에 강정을 나타내는 형용사를 쏙!쏙!쏙! 넣어서 말해보세요.

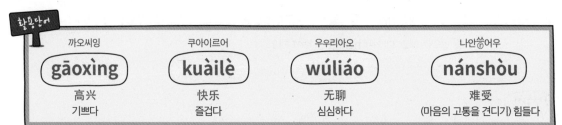

활용단어

까오씨잉	쿠아이르어	우우리아오	나안쑿어우
gāoxìng	**kuàilè**	**wúliáo**	**nánshòu**
高兴	快乐	无聊	难受
기쁘다	즐겁다	심심하다	(마음의 고통을 견디기) 힘들다

긍정하기

Tā	hěn	**gāoxìng**.		그녀는 기뻐.
她	很	高兴。		

Tā	hěn	**kuàilè**.		그녀는 즐거워.
她	很	快乐。		

Tā	hěn	**wúliáo**.		그녀는 심심해.
她	很	无聊。		

Tā	hěn	**nánshòu**.		그녀는 힘들어해.
她	很	难受。		

부정하기

Tā	bù	**gāoxìng**.		그녀는 안 기뻐.
她	不	高兴。		

Tā	bú	**kuàilè**.		그녀는 안 즐거워.
她	不	快乐。		

Tā	bù	**wúliáo**.		그녀는 안 심심해.
她	不	无聊。		

Tā	bù	**nánshòu**.		그녀는 힘들어하지 않아.
她	不	难受。		

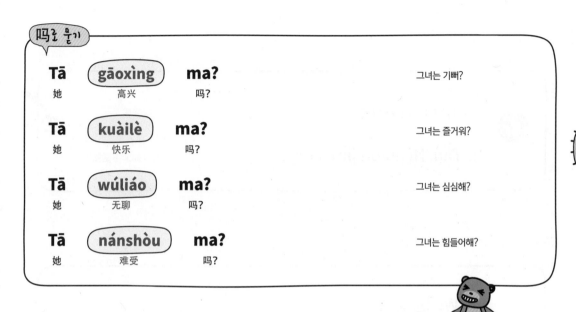

吗로 묻기

| Tā | gāoxìng | ma? | 그녀는 기뻐? |
| 她 | 高兴 | 吗? | |

| Tā | kuàilè | ma? | 그녀는 즐거워? |
| 她 | 快乐 | 吗? | |

| Tā | wúliáo | ma? | 그녀는 심심해? |
| 她 | 无聊 | 吗? | |

| Tā | nánshòu | ma? | 그녀는 힘들어해? |
| 她 | 难受 | 吗? | |

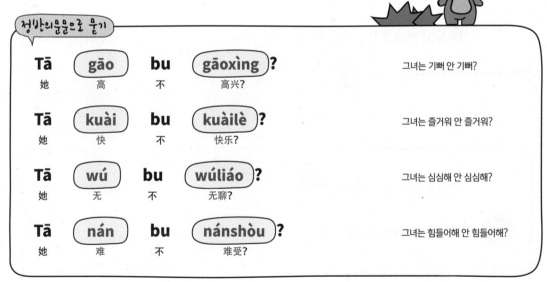

정반의문문으로 묻기

| Tā | gāo | bu | gāoxìng? | 그녀는 기뻐 안 기뻐? |
| 她 | 高 | 不 | 高兴? | |

| Tā | kuài | bu | kuàilè? | 그녀는 즐거워 안 즐거워? |
| 她 | 快 | 不 | 快乐? | |

| Tā | wú | bu | wúliáo? | 그녀는 심심해 안 심심해? |
| 她 | 无 | 不 | 无聊? | |

| Tā | nán | bu | nánshòu? | 그녀는 힘들어해 안 힘들어해? |
| 她 | 难 | 不 | 难受? | |

★ 부록 〈활용단어 더 익혀보기〉 p.213에서 더 많은 활용단어를 공식에 쏙! 넣고 입에 착! 붙여 보아요.

🔊 아래 병음으로 된 회화를 발음에 주의하여 큰 소리로 따라 읽고 뜻을 떠올려 봅니다. 이어 오른쪽에서 우리말만 보며 중국어로 말해보고, 중국어 한자만 보며 큰 소리로 읽어봅니다.

1

A Tā hěn jǐnzhāng.   她很紧张。

B Duì. Nǐ jǐn bu jǐnzhāng?   对。你紧不紧张？

2

A Wǒ bù gāoxìng.   我不高兴。

B Shì ma? Wǒ hěn gāoxìng ne.   是吗？我很高兴呢。

양념톡!톡! Shì ma?(是吗?)는 '그래?, 그러니?'라는 의미로 반문할 때 자주 쓰는 말이에요.

呢 ne 조 강조의 뉘앙스를 나타냄

양념톡!톡! Zěnmeyàng?(怎么样?)은 '어때?'라는 의미로 상태를 물어 볼 때 자주 쓰는 말이에요.

3

A Tā zěnmeyàng?   他怎么样？

B Tā hěn nánshòu.   他很难受。

A Nà zěnme bàn?   那怎么办？

양념톡!톡! Zěnme bàn?(怎么办?)은 '어떡해?, 어떻게 해?'라고 묻는 말이랍니다. 둘 다 매우 자주 쓰는 말이니 꼭 알아 두세요!

那 nà 접 그럼, 그러면

A 그녀는 긴장했어.　　　　　她很紧张。

B 그러네. 너는 긴장 돼 안 돼?　　　对。你紧不紧张?

A 나는 안 기뻐.　　　　　我不高兴。

B 그래? 나는 기쁜데.　　　是吗? 我很高兴呢。

A 그는 어때?　　　　　他怎么样?

B 그는 힘들어해.　　　他很难受。

A 그럼 어떡해?　　　那怎么办?

DAY 3

"나는 귀여워."

[**~hěn + 형용사** ~는 형용사하다]
很

"나는 귀여워", "그녀는 예뻐"와 같은 말처럼, 상대나 자신의 외모에 대해 얘기하는 경우가 자주 있지 않나요? 중국어에서는 hěn(很) 다음에 외모와 관련된 형용사만 붙이면 이러한 말을 쉽게 할 수 있답니다.

지금 꽥꽥이는 자신의 외모에 대해 어떻게 말하고 있을까요?

🎧 들으면서
따라 말하기

🔊 둘의 대화를 먼저 들어본 후 큰 소리로 세 번 따라 읽어보아요. 특히 3성이 2성이나 반 3성으로 바뀌는 것에 주의하세요.

꽥꽥이
우어　흐언　크어아이
Wǒ hěn kě'ài. 나는 귀여워.
我　很　可爱。
可爱 kě'ài 형 귀엽다

하아하아　니이　크어아이　마
Hāhā, nǐ kě'ài ma? 하하, 네가 귀여워?
哈哈，　你　可爱　吗?
공공이

꽥꽥이
쓰 더　우어　크어　부　크어아이
Shì de, wǒ kě bu kě'ài? 그래, 나 귀여워 안 귀여워?
是　的,　我　可　不　可爱?
是的 shì de 그래, 맞아

기초문장 착!착!착!

🔊 '~hěn(很) + 형용사(~는 형용사하다)' 공식을 사용한 기초 문장을 착!착!착! 익혀보아요. 부정할 때는 bù(不)를, 물을 때는 ma?(吗?)를 넣으면 돼요. 단 이때 hěn(很)은 빼야 해요.

긍정하기

~hěn + 형
很
~는 형하다

우어　　흐언　　크어아이
Wǒ hěn kě'ài.
我　　很　　可爱。
나는　　　　　귀엽다

나는 귀여워.

부정하기

~bù 형
不
~는 안 형하다
(~는 형하지 않다)

우어　　뿌우　　크어아이
Wǒ bù kě'ài.
我　　不　　可爱。
나는　　아니　　귀엽다

나는 안 귀여워.

吗로 묻기

~형 ma?
吗
~는 형하니?

니이　　크어아이　　마
Nǐ kě'ài ma?
你　　可爱　　吗?
너는　　귀엽다　　~니?

너는 귀여워?

정반의문문으로 묻기

~형 bu 형?
不
~는 형해 안 해?

니이　　크어　　부　　크어아이
Nǐ kě bu kě'ài?
你　　可　　不　　可爱?
너는　　귀엽다　　안　　귀엽다

너는 귀여워 안 귀여워?

> 두 글자 형용사의 경우
> 'AB不AB' 또는 'A不AB'의
> 형태로 정반의문문을 만들어요.
> 하지만 중국인들은 'A不AB' 형태로
> 더 자주 말한답니다.

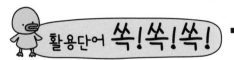 활용단어 쏙!쏙!쏙!

'~hěn(很) + 형용사(~는 형용사하다)'에 외모를 나타내는 형용사를
쏙!쏙!쏙! 넣어서 말해보세요.

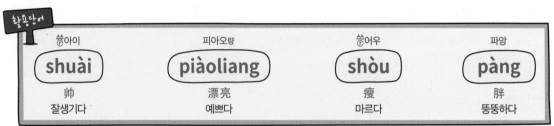

활용단어

쑹아이	피아오량	쑹어우	파앙
shuài	**piàoliang**	**shòu**	**pàng**
帅	漂亮	瘦	胖
잘생기다	예쁘다	마르다	뚱뚱하다

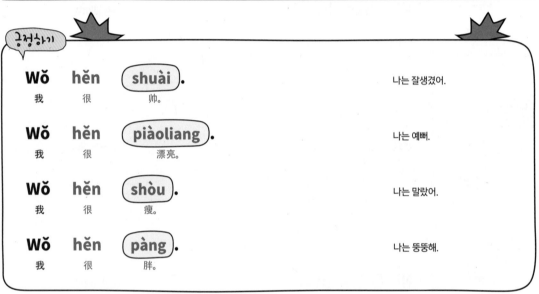

긍정하기

Wǒ	hěn	shuài .	나는 잘생겼어.
我	很	帅。	
Wǒ	hěn	piàoliang .	나는 예뻐.
我	很	漂亮。	
Wǒ	hěn	shòu .	나는 말랐어.
我	很	瘦。	
Wǒ	hěn	pàng .	나는 뚱뚱해.
我	很	胖。	

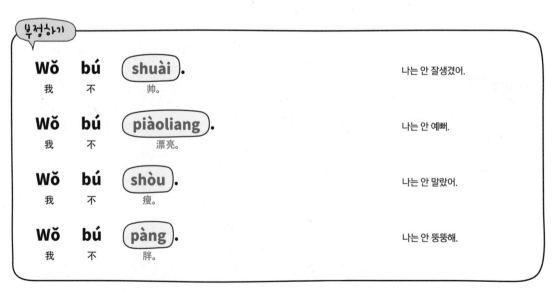

부정하기

Wǒ	bú	shuài .	나는 안 잘생겼어.
我	不	帅。	
Wǒ	bú	piàoliang .	나는 안 예뻐.
我	不	漂亮。	
Wǒ	bú	shòu .	나는 안 말랐어.
我	不	瘦。	
Wǒ	bú	pàng .	나는 안 뚱뚱해.
我	不	胖。	

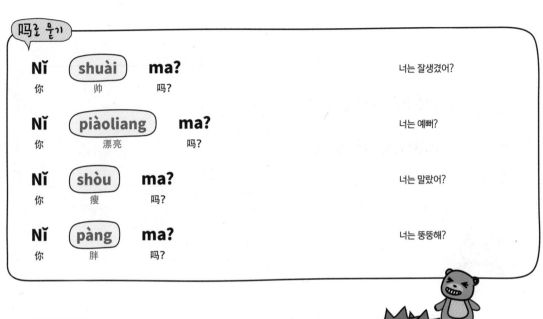

吗로 묻기

Nǐ shuài ma?
你 帅 吗? 너는 잘생겼어?

Nǐ piàoliang ma?
你 漂亮 吗? 너는 예뻐?

Nǐ shòu ma?
你 瘦 吗? 너는 말랐어?

Nǐ pàng ma?
你 胖 吗? 너는 뚱뚱해?

정반의문문으로 묻기

Nǐ shuài bu shuài?
你 帅 不 帅? 너는 잘생겼어 안 잘생겼어?

Nǐ piào bu piàoliang?
你 漂 不 漂亮? 너는 예뻐 안 예뻐?

Nǐ shòu bu shòu?
你 瘦 不 瘦? 너는 말랐어 안 말랐어?

Nǐ pàng bu pàng?
你 胖 不 胖? 너는 뚱뚱해 안 뚱뚱해?

★ 부록 〈활용단어 더 익혀보기〉 p.214에서 더 많은 활용단어를 공식에 쏙! 넣고 입에 착! 붙여 보아요.

1

A Wǒ hěn kě'ài.　　　　　　　我很可爱。

B Hāhā, nǐ kě'ài ma?　　　　哈哈，你可爱吗？

2

A Wǒ bú shòu, hěn pàng!　　我不瘦，很胖！

B Bù, nǐ bú pàng.　　　　　不，你不胖。

3

A Wǒ shuài bu shuài?　　　我帅不帅？

B Wǒ bù zhīdào.　　　　　我不知道。

知道 zhīdào 동 알다

A 나는 귀여워.　　　　　　　　我很可爱。

B 하하, 네가 귀여워?　　　　　哈哈，你可爱吗？

A 나는 안 말랐어, 뚱뚱해!　　　我不瘦，很胖!

B 아니야, 너 안 뚱뚱해.　　　　不，你不胖。

A 나 잘생겼어 안 잘생겼어?　　我帅不帅？

B 나는 모르겠어.　　　　　　　我不知道。

DAY 4

"이건 비싸."

[~hěn + 형용사 ~는 형용사하다]
很

"이건 짧아", "저건 길어"와 같은 말처럼, 사물의 상태에 대해 얘기하는 경우가 자주 있지 않나요?
중국어에서는 hěn(很) 다음에 사물의 상태를 나타내는 형용사만 붙이면 이러한 말을 쉽게 할 수 있답니다.

지금 꽉꽉이와 곰곰이는 사물의 어떤 상태에 대해 얘기하고 있을까요?

🎧 들으면서
따라 말하기

🔊 둘의 대화를 먼저 들어본 후 큰 소리로 세 번 따라 읽어보아요. 특히 3성이 2성이나 반 3성으로 바뀌는
것에 주의하세요.

쯩어거   흐언   꾸에이
Zhège hěn guì. 이건 비싸.
这个   很   贵。

공공이

这个 zhège 대 이것 贵 guì 형 비싸다

쯩어거 꾸에이 마 하이 크어이이 바
Zhège guì ma? Hái kěyǐ ba. 이거 비싸?
这个   贵   吗? 还   可以   吧。   그런대로 괜찮은걸.

还 hái 부 그런대로, 꽤 可以 kěyǐ 형 괜찮다, 좋다 吧 ba 조 ~한걸

꽉꽉이

뿌우 쯩어거 뿌우 피엔이
Bù, zhège bù piányi. 아니야, 이건 안 싸.
不, 这个   不   便宜。

공공이

便宜 piányi 형 싸다

기초문장 착!착!착!

🔊 '~hěn(很) + 형용사(~는 형용사하다)' 공식을 사용한 기초 문장을 착!착!착! 익혀보아요. 부정할 때는 bù(不)를, 물을 때는 ma?(吗?)를 넣으면 돼요. 단 이때 hěn(很)은 빼야 해요.

쯔어거 흐언 꾸에이
Zhège hěn guì.
这个 很 贵。
이것은 비싸다

이건 비싸.

쯔어거 부우 꾸에이
Zhège bú guì.
这个 不 贵。
이것은 아니 비싸다

이건 안 비싸.

> bù(不)는 뒤에 4성이 오면 2성으로 발음해요.

쯔어거 꾸에이 마
Zhège guì ma?
这个 贵 吗?
이것은 비싸다 ~니?

이건 비싸?

쯔어거 꾸에이 부 꾸에이
Zhège guì bu guì?
这个 贵 不 贵?
이것은 비싸다 안 비싸다

이건 비싸 안 비싸?

해커스 왕초보 중국어회화 10분의 기적 중국어 말하기

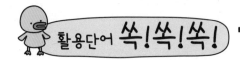
활용단어 쏙!쏙!쏙!

'~hěn(很) + 형용사(~는 형용사하다)'에 사물의 상태를 나타내는
형용사를 쏙!쏙!쏙! 넣어서 말해보세요.

활용단어

피엔이	두안	츠앙	리앙
piányi	**duǎn**	**cháng**	**liàng**
便宜	短	长	亮
싸다	짧다	길다	반짝반짝하다

긍정하기

Zhège	**hěn**	**piányi** .	이건 싸.
这个	很	便宜。	
Zhège	**hěn**	**duǎn** .	이건 짧아.
这个	很	短。	
Zhège	**hěn**	**cháng** .	이건 길어.
这个	很	长。	
Zhège	**hěn**	**liàng** .	이건 반짝반짝해.
这个	很	亮。	

부정하기

Zhège	**bù**	**piányi** .	이건 안 싸.
这个	不	便宜。	
Zhège	**bù**	**duǎn** .	이건 안 짧아.
这个	不	短。	
Zhège	**bù**	**cháng** .	이건 안 길어.
这个	不	长。	
Zhège	**bú**	**liàng** .	이건 안 반짝반짝해.
这个	不	亮。	

吗로 묻기

Zhège **piányi** **ma?**
这个 便宜 吗?   이건 싸?

Zhège **duǎn** **ma?**
这个 短 吗?   이건 짧아?

Zhège **cháng** **ma?**
这个 长 吗?   이건 길어?

Zhège **liàng** **ma?**
这个 亮 吗?   이건 반짝반짝해?

정반의문문으로 묻기

Zhège **pián** **bu** **piányi?**
这个 便 不 便宜?   이건 싸 안 싸?

Zhège **duǎn** **bu** **duǎn?**
这个 短 不 短?   이건 짧아 안 짧아?

Zhège **cháng** **bu** **cháng?**
这个 长 不 长?   이건 길어 안 길어?

Zhège **liàng** **bu** **liàng?**
这个 亮 不 亮?   이건 반짝반짝해 안 해?

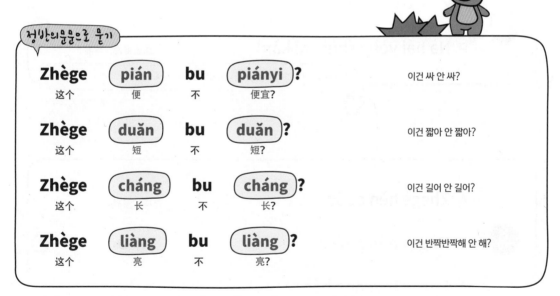

★ 부록 〈활용단어 더 익혀보기〉 p.215에서 더 많은 활용단어를 공식에 쏙! 넣고 입에 착! 붙여 보아요.

🔊 아래 병음으로 된 회화를 발음에 주의하여 큰 소리로 따라 읽고 뜻을 떠올려 봅니다. 이어 오른쪽에서 우리말만 보며 중국어로 말해보고, 중국어 한자만 보며 큰 소리로 읽어봅니다.

1

A **Zhège hěn guì.**　　　　　　　这个很贵。

B **Zhège guì ma?**　　　　　　　这个贵吗?

2

A **Zhège liàng bu liàng?**　　　　这个亮不亮?

B **Nà hái yòng shuō, nǐ kàn!**　　那还用说, 你看!

> 양념톡!톡! Nà hái yòng shuō (那还用说)= 말할 것도 없어 (그걸 또 말할 필요가 없어)

看 kàn 동 보다

3

A **Zhège hěn duǎn.**　　　　　　这个很短。

B **Nàge cháng ma?**　　　　　　那个长吗?

A **Èng, gānggāng hǎo.**　　　　嗯, 刚刚好。

那个 nàge 대 저것　刚刚 gānggāng 부 딱, 막　好 hǎo 형 좋다

A 이건 비싸.　　　　　　　　这个很贵。

B 이거 비싸?　　　　　　　　这个贵吗？

A 이건 반짝반짝해 안 해?　　这个亮不亮？

B 말할 것도 없어, 봐봐!　　　那还用说，你看！

A 이건 짧아.　　　　　　　　这个很短。

B 저건 길어?　　　　　　　　那个长吗？

A 응, 딱 좋아.　　　　　　　嗯，刚刚好。

DAY 5

"이건 맛있어."

[~hěn + 형용사 ~는 형용사하다]
 很

"이건 달아", "저건 짜"와 같은 말처럼, 음식의 맛에 대해 자주 말하게 되지 않나요? 중국어에서는 hěn (很) 다음에 맛을 나타내는 형용사만 붙이면 이러한 말을 쉽게 할 수 있답니다.

지금 꽥꽥이와 곰곰이는 어떤 맛에 대해 얘기하고 있을까요?

🎧 들으면서
따라 말하기

🔊 둘의 대화를 먼저 들어본 후 큰 소리로 세 번 따라 읽어보아요. 특히 3성이 2성이나 반 3성으로 바뀌는 것에 주의하세요.

쯔어거　흐언　하오츠ㄹ
Zhège hěn hǎochī. 이건 맛있어.
这个　很　好吃。

这个 zhège 대 이것　好吃 hǎochī 맛있다

쓰ㄹ　마　시엔　부　시엔
Shì ma? Xián bu xián? 그래? 짜 안 짜?
是　吗?　咸　不　咸?

是吗 shì ma 그래?, 그러니?　咸 xián 형 짜다

곰곰이

쯔어거　뿌우　시엔　흐언　따안
Zhège bù xián, hěn dàn. 이거 안 짜,
这个　不　咸,　很　淡。 싱거워.

淡 dàn 형 싱겁다

꽥꽥이

 기초문장 **착!착!착!**

🔊 '~hěn(很) + 형용사(~는 형용사하다)' 공식을 사용한 기초 문장을 착!착!착! 익혀보아요. 부정할 때는 bù(不)를, 물을 때는 ma?(吗?)를 넣으면 돼요. 단 이때 hěn(很)은 빼야 해요.

긍정하기

| ~hěn + 형
很
~는 형하다 | 쯔어거
Zhège
这个
이것은 | 흐언
hěn
很 | 하오츨
hǎochī.
好吃。
맛있다 | 이건 맛있어. |

부정하기

| ~bù 형
不
~는 안 형하다
(~는 형하지 않다) | 쯔어거
Zhège
这个
이것은 | 뿌우
bù
不
아니 | 하오츨
hǎochī.
好吃。
맛있다 | 이건 맛없어.
(이건 맛있지 않아.) |

吗로 물기

| ~형 ma?
吗
~는 형하니? | 쯔어거
Zhège
这个
이것은 | 하오츨
hǎochī
好吃
맛있다 | 마
ma?
吗?
~니? | 이건 맛있어? |

정반의문문으로 물기

| ~형 bu 형?
不
~는 형해 안 해? | 쯔어거
Zhège
这个
이것은 | 하오
hǎo
好
맛있다 | 부
bu
不
안 | 하오츨
hǎochī?
好吃?
맛있다 | 이건 맛있어 맛없어? |

두 글자 형용사의 경우
'AB不AB' 또는 'A不AB'의
형태로 정반의문문을 만들어요.
하지만 중국인들은 'A不AB' 형태로
더 자주 말한답니다.

🔊 '~hěn(很) + 형용사(~는 형용사하다)'에 맛을 나타내는 형용사를
쏙!쏙!쏙! 넣어서 말해보세요.

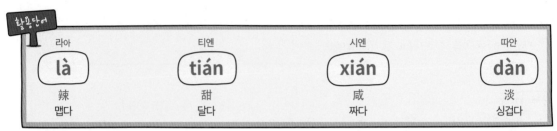

활용단어

라아	티엔	시엔	따안
là	**tián**	**xián**	**dàn**
辣	甜	咸	淡
맵다	달다	짜다	싱겁다

긍정하기

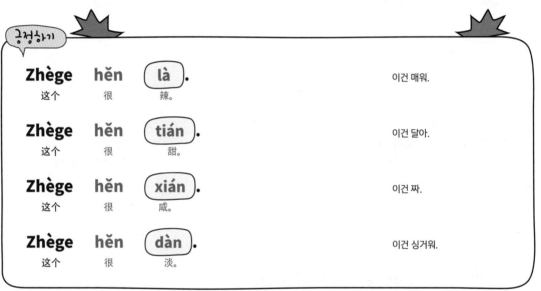

| **Zhège** | **hěn** | **là** . | 이건 매워. |
| 这个 | 很 | 辣。 | |

| **Zhège** | **hěn** | **tián** . | 이건 달아. |
| 这个 | 很 | 甜。 | |

| **Zhège** | **hěn** | **xián** . | 이건 짜. |
| 这个 | 很 | 咸。 | |

| **Zhège** | **hěn** | **dàn** . | 이건 싱거워. |
| 这个 | 很 | 淡。 | |

부정하기

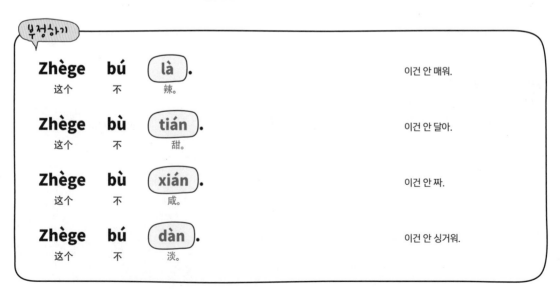

| **Zhège** | **bú** | **là** . | 이건 안 매워. |
| 这个 | 不 | 辣。 | |

| **Zhège** | **bù** | **tián** . | 이건 안 달아. |
| 这个 | 不 | 甜。 | |

| **Zhège** | **bù** | **xián** . | 이건 안 짜. |
| 这个 | 不 | 咸。 | |

| **Zhège** | **bú** | **dàn** . | 이건 안 싱거워. |
| 这个 | 不 | 淡。 | |

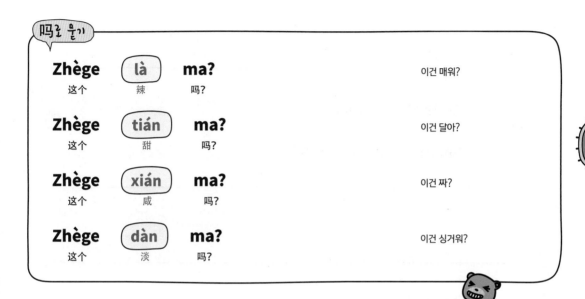

吗로 묻기

| Zhège | là | ma? | 이건 매워? |
| 这个 | 辣 | 吗? | |

| Zhège | tián | ma? | 이건 달아? |
| 这个 | 甜 | 吗? | |

| Zhège | xián | ma? | 이건 짜? |
| 这个 | 咸 | 吗? | |

| Zhège | dàn | ma? | 이건 싱거워? |
| 这个 | 淡 | 吗? | |

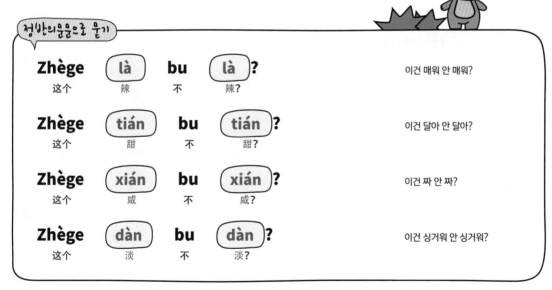

정반의문문으로 묻기

| Zhège | là | bu | là? | 이건 매워 안 매워? |
| 这个 | 辣 | 不 | 辣? | |

| Zhège | tián | bu | tián? | 이건 달아 안 달아? |
| 这个 | 甜 | 不 | 甜? | |

| Zhège | xián | bu | xián? | 이건 짜 안 짜? |
| 这个 | 咸 | 不 | 咸? | |

| Zhège | dàn | bu | dàn? | 이건 싱거워 안 싱거워? |
| 这个 | 淡 | 不 | 淡? | |

★ 부록 〈활용단어 더 익혀보기〉 p.216에서 더 많은 활용단어를 공식에 쏙! 넣고 입에 착! 붙여 보아요.

🔊 아래 병음으로 된 회화를 발음에 주의하여 큰 소리로 따라 읽고 뜻을 떠올려 봅니다. 이어 오른쪽에서 우리말만 보며 중국어로 말해보고, 중국어 한자만 보며 큰 소리로 읽어봅니다.

1

A Zhège hěn hǎochī.　　　　这个很好吃。

B Shì ma? Xián bu xián?　　　是吗? 咸不咸?

2

A Zhège hěn tián.　　　　这个很甜。

B Tài hǎo le!　　　　太好了!

> 양념톡!톡! Tài ~le(太~了)는 '너무 ~하다'라는 의미로 tài와 le 사이의 내용을 강조하고 싶을 때 써요.

太~了 tài~le 너무 ~하다　好 hǎo 형 좋다

3

A Zhège là ma?　　　　这个辣吗?

B Nǐ chángchang ba.　　　你尝尝吧。

A Zhège bú là, hěn xiāng!　　这个不辣, 很香!

> 양념톡!톡! chángchang(尝尝)은 동사 cháng(尝, 맛보다)이 반복된 형태로 동사 중첩이라고 해요. 이러한 동사 중첩은 동사에 '좀 ~해 봐, 한번 ~해 봐'라는 의미를 더해준답니다.

吧 ba 조 ~해 봐　香 xiāng 형 맛있다

A 이건 맛있어.   这个很好吃。

B 그래? 짜 안 짜?   是吗？ 咸不咸？

A 이건 달아.   这个很甜。

B 너무 좋아!   太好了！

A 이거 매워?   这个辣吗？

B 네가 맛을 좀 봐봐.   你尝尝吧。

A 이거 안 매워, 맛있어!   这个不辣，很香！

DAY 6

"여긴 더워."

[**~hěn + 형용사** ~는 형용사하다]
   很

"여긴 추워", "거긴 따뜻해"와 같은 말처럼, 날씨에 대해 말하는 경우가 자주 있지 않나요? 중국어에서는 hěn(很) 다음에 날씨를 나타내는 형용사만 붙이면 이러한 말을 쉽게 할 수 있답니다.

지금 꽥꽥이와 곰곰이는 어떤 날씨에 대해 얘기하고 있을까요?

🎧 들으면서
따라 말하기

🔊 둘의 대화를 먼저 들어본 후 큰 소리로 세 번 따라 읽어보아요. 특히 3성이 2성이나 반 3성으로 바뀌는 것에 주의하세요.

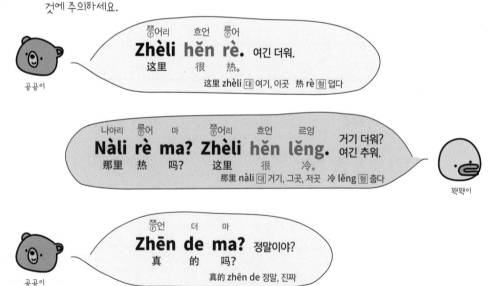

곰곰이

쯜어리   흐언   를어
Zhèli hěn rè. 여긴 더워.
这里   很   热。

这里 zhèli 대 여기, 이곳   热 rè 형 덥다

나아리 를어 마 쯜어리 흐언 르엉
Nàli rè ma? Zhèli hěn lěng. 거기 더워?
那里 热   吗? 这里   很   冷。   여긴 추워.

那里 nàli 대 거기, 그곳, 저곳   冷 lěng 형 춥다

꽥꽥이

쯜언 더 마
Zhēn de ma? 정말이야?
真   的 吗?

真的 zhēn de 정말, 진짜

곰곰이

기초문장 착!착!착!

🔊 '~hěn(很) + 형용사(~는 형용사하다)' 공식을 사용한 기초 문장을 착!착!착! 익혀보아요. 부정할 때는 bù(不)를, 물을 때는 ma?(吗?)를 넣으면 돼요. 단 이때 hěn(很)은 빼야 해요.

긍정하기

~hěn + 형
很
~는 형하다

쯩어리　　흐언　　르어
Zhèli　hěn　rè.
这里　　很　　热。
여기는　　　　덥다

여긴 더워.

부정하기

~bù 형
不
~는 안 형하다
(~는 형하지 않다)

쯩어리　　부우　　르어
Zhèli　bú　rè.
这里　　不　　热。
여기는　아니　덥다

여긴 안 더워.

> bù(不)는 뒤에 4성이 오면
> 2성으로 발음해요.

吗로 묻기

~형 ma?
吗
~는 형하니?

나아리　　르어　　마
Nàli　rè　ma?
那里　　热　　吗?
거기는　덥다　~니?

거긴 더워?

정반의문문으로 묻기

~형 bu 형?
不
~는 형해 안 해?

나아리　　르어　　부　　르어
Nàli　rè　bu　rè?
那里　　热　　不　　热?
거기는　덥다　안　덥다

거긴 더워 안 더워?

'~hěn(很) + 형용사(~는 형용사하다)'에 날씨를 나타내는 형용사를 쏙!쏙!쏙! 넣어서 말해보세요.

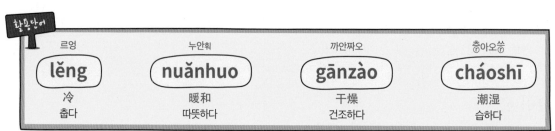

활용단어

르엉	누안훠	까안짜오	츠아오쓰
lěng	**nuǎnhuo**	**gānzào**	**cháoshī**
冷	暖和	干燥	潮湿
춥다	따뜻하다	건조하다	습하다

긍정하기

Zhèli	hěn	lěng .	여긴 추워.
这里	很	冷。	
Zhèli	hěn	nuǎnhuo .	여긴 따뜻해.
这里	很	暖和。	
Zhèli	hěn	gānzào .	여긴 건조해.
这里	很	干燥。	
Zhèli	hěn	cháoshī .	여긴 습해.
这里	很	潮湿。	

부정하기

Zhèli	bù	lěng .	여긴 안 추워.
这里	不	冷。	
Zhèli	bù	nuǎnhuo .	여긴 안 따뜻해.
这里	不	暖和。	
Zhèli	bù	gānzào .	여긴 안 건조해.
这里	不	干燥。	
Zhèli	bù	cháoshī .	여긴 안 습해.
这里	不	潮湿。	

★ 부록 〈활용단어 더 익혀보기〉 p.217에서 더 많은 활용단어를 공식에 쏙! 넣고 입에 착! 붙여 보아요.

1

A Zhèli hěn rè.   这里很热。

B Nàli rè ma? Zhèli hěn lěng.   那里热吗? 这里很冷。

2

A Nàli yě gānzào ma?   那里也干燥吗?

B Bù, zhèli hěn cháoshī.   不, 这里很潮湿。

也 yě 円 ~도

3

A Zhèli hěn nuǎnhuo.   这里很暖和。

B Duì, zhèli bù lěng bú rè!   对, 这里不冷不热!

A Gānggāng hǎo, shì ba?   刚刚好, 是吧?

刚刚 gānggāng 円 딱, 꼭   是吧? shì ba 그치?, 그렇치?

| A | 여긴 더워. | 这里很热。 |
| B | 거긴 더워? 여긴 추워. | 那里热吗? 这里很冷。 |

| A | 거기도 건조해? | 那里也干燥吗? |
| B | 아니, 여긴 습해. | 不, 这里很潮湿。 |

A	여기는 따뜻해.	这里很暖和。
B	그러게, 여긴 춥지도 덥지도 않네!	对, 这里不冷不热!
A	딱 좋다, 그치?	刚刚好, 是吧?

그때그때, 인사하고 삽시다^^

🎧 중국어 인사말1

만났을 때

🎤 **Nǐ hǎo!**
你好!

> Nǐ hǎo(你好, 안녕하세요)는 처음 만난 사이이거나 이미 아는 사이에서 모두 사용할 수 있지만 Nǐ hǎo ma? (你好吗?)는 이미 아는 사이에서만 쓸 수 있어요.

안녕! / 안녕하세요!

🎤 **Nǐ hǎo ma?**
你好吗?

잘 지내?

🎤 **Zǎo.**
早。

안녕. / 안녕하세요.(아침 인사)

🎤 **Zǎoshang hǎo.**
早上好。

안녕. / 안녕하세요.(아침 인사)

🎤 **Wǎnshang hǎo.**
晚上好。

안녕. / 안녕하세요.(저녁 인사)

헤어질 때

🎤 **Zàijiàn!**
再见!

잘 가! / 안녕히 가세요!

🎤 **Bài bai!**
拜拜!

> Bài bai!(拜拜!)는 영어 Bye-bye!의 발음을 중국어 한자로 표기한 말이에요.

잘 가! / Bye-bye!

🎤 **Mànzǒu!**
慢走!

조심히 가세요!

🎤 **Lùshang xiǎoxīn!**
路上小心!

조심히 가!

회화 공식2

동작을 말하는 공식

~동사+명사

(~는 명사를 동사하다)

[~동사+명사(~는 명사를 동사하다)]는 "밥을 먹는다", "영화를 본다", "학교에 간다"와 같이
동작을 말할 때 쓰는 공식이에요. 동사를 술어로 사용하기 때문에 회화 공식2를 동사술어문이라고 한답니다.
동사 뒤의 명사는 목적어 역할이에요.

"그는 유명인이야."

~shì + 명사 ~는 명사이다
是

"그는 학생이야", "그녀는 선생님이야"와 같은 말처럼, 일상에서 자신이나 상대방의 직업 혹은 신분에 대해 말하는 경우가 자주 있지 않나요? 중국어에서는 동사 shì(是, ~이다) 다음에 직업 또는 신분을 나타내는 명사만 붙이면 이러한 말을 쉽게 할 수 있답니다.

지금 꽥꽥이와 곰곰이는 어떤 직업 혹은 신분에 대해 얘기하고 있을까요?

🎧 들으면서 따라 말하기

🔊 둘의 대화를 먼저 들어본 후 큰 소리로 세 번 따라 읽어보아요. 특히 3성이 2성이나 반 3성으로 바뀌는 것에 주의하세요.

꽥꽥이

타아 쓰 미잉씨잉
Tā shì míngxīng! 그는 유명인이야!
他 是 明星!

明星 míngxīng 몡 유명인(스타)

쓰 마 타아 쓰 끄어셩어우 마
Shì ma? Tā shì gēshǒu ma? 그래? 그는 가수야?
是 吗? 他 是 歌手 吗?

是吗 shì ma 그래? 그러니? 歌手 gēshǒu 몡 가수

곰곰이

꽥꽥이

타아 부우 쓰 끄어셩어우 쓰 이엔위엔
Tā bú shì gēshǒu, shì yǎnyuán. 그는 가수가 아니야, 배우야.
他 不 是 歌手, 是 演员。

演员 yǎnyuán 몡 배우

기초문장 착!착!착!

🔊 '~shì(是) + 명사(~는 명사이다)' 공식을 사용한 기초 문장을 착!착!착! 익혀보아요. 부정할 때는 bù(不)를, 물을 때는 ma?(吗?)를 넣으면 돼요.

긍정하기

~shì + 명		
是		
~는 명이다		

타아　쓰ㄹ　미잉씨잉
Tā shì míngxīng.
他　是　明星。
그는　~이다　유명인

그는 유명인이야.

부정하기

동사 앞에 bù(不)를 붙이면 부정문이 돼요!
bù(不)는 뒤에 4성이 오면 2성으로 발음해요.

~bú shì + 명		
不 是		
~는 명이 아니다		

타아　부우　쓰ㄹ　미잉씨잉
Tā bú shì míngxīng.
他　不　是　明星。
그는　아니　~이다　유명인

그는 유명인이 아니야.

吗로 묻기

~shì + 명 ma?		
是 吗		
~는 명이니?		

타아　쓰ㄹ　미잉씨잉　마
Tā shì míngxīng ma?
他　是　明星　吗?
그는　~이다　유명인　~니?

그는 유명인이야?

문장 끝에 ma(吗)?를 넣으면 의문문이 돼요.

정반의문문으로 묻기

~shì bu shì + 명?		
是 不 是		
~는 명이니 아니니?		

타아　쓰ㄹ　부　쓰ㄹ　미잉씨잉
Tā shì bu shì míngxīng?
他　是　不　是　明星?
그는　~이다　아니　~이다　유명인

그는 유명인이야 아니야?

의문사로 묻기

~shì + shéi?		
是 谁		
~는 누구야?		

타아　쓰ㄹ　승에이
Tā shì shéi?
他　是　谁?
그는　~이다　누구

그는 누구야?

활용단어 쏙! 쏙! 쏙!

'~shì(是) + 명사(~는 명사이다)'에 직업 또는 신분을 나타내는 명사를 쏙!쏙!쏙! 넣어서 말해보세요.

활용단어

쉬에ⓢ엉	라오ⓢ	라오바안	ⓢ앙빠안주우
xuésheng	**lǎoshī**	**lǎobǎn**	**shàngbānzú**
学生	老师	老板	上班族
학생	선생님	사장	직장인

긍정하기

Tā	shì	xuésheng.	그는 학생이야.
他	是	学生。	

Tā	shì	lǎoshī.	그는 선생님이야.
他	是	老师。	

Tā	shì	lǎobǎn.	그는 사장이야.
他	是	老板。	

Tā	shì	shàngbānzú.	그는 직장인이야.
他	是	上班族。	

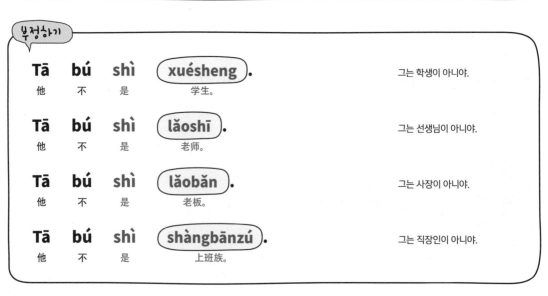

부정하기

Tā	bú	shì	xuésheng.	그는 학생이 아니야.
他	不	是	学生。	

Tā	bú	shì	lǎoshī.	그는 선생님이 아니야.
他	不	是	老师。	

Tā	bú	shì	lǎobǎn.	그는 사장이 아니야.
他	不	是	老板。	

Tā	bú	shì	shàngbānzú.	그는 직장인이 아니야.
他	不	是	上班族。	

Tā	shì	xuésheng	ma?	그는 학생이야?
他	是	学生	吗?	

Tā	shì	lǎoshī	ma?	그는 선생님이야?
他	是	老师	吗?	

Tā	shì	lǎobǎn	ma?	그는 사장이야?
他	是	老板	吗?	

Tā	shì	shàngbānzú	ma?	그는 직장인이야?
他	是	上班族	吗?	

정반의문문으로 묻기

Tā	shì	bu	shì	xuésheng	?	그는 학생이야 아니야?
他	是	不	是	学生?		

Tā	shì	bu	shì	lǎoshī	?	그는 선생님이야 아니야?
他	是	不	是	老师?		

Tā	shì	bu	shì	lǎobǎn	?	그는 사장이야 아니야?
他	是	不	是	老板?		

Tā	shì	bu	shì	shàngbānzú	?	그는 직장인이야 아니야?
他	是	不	是	上班族?		

★ 부록 〈활용단어 더 익혀보기〉 p.218에서 더 많은 활용단어를 공식에 쏙! 넣고 입에 착! 붙여 보아요.

1

A Tā shì míngxīng!

他是明星!

B Shì ma? Tā shì gēshǒu ma?

是吗? 他是歌手吗?

2

A Tā shì shàngbānzú ma?

她是上班族吗?

B Bù, tā hái shì xuésheng.

不, 她还是学生。

还 hái 부 아직, 여전히

3

A Tā shì shéi?

他是谁?

B Tā shì wǒ de lǎobǎn.

他是我的老板。

A Zhēn de ma? Wǒ bù zhīdào ne!

真的吗? 我不知道呢!

양념톡!톡! Zhēn de ma?(真的吗?)는 '진짜?, 정말이야?' 라는 의미로 놀라움을 표현할 때 자주 쓰는 말이에요.

知道 zhīdào 동 알다 呢 ne 조 강조의 뉘앙스를 나타냄

A 그는 유명인이야!

他是明星！

B 그래? 그는 가수야?

是吗？他是歌手吗？

A 그녀는 직장인이야?

她是上班族吗？

B 아니, 그녀는 아직 학생이야.

不，她还是学生。

A 그는 누구야?

他是谁？

B 그는 우리 사장님이셔.

他是我的老板。

A 진짜? 나 몰랐어!

真的吗？我不知道呢！

"나는 직업이 있어."

[~yǒu + 명사 ~는 명사가 있다]
有

"나는 수업이 있어", "그는 시간이 있어"와 같은 말처럼, 일상에서 추상적인 무언가가 있다, 없다고 말하는 경우가 자주 있지 않나요? 중국어에서는 동사 yǒu(有, 있다) 다음에 '직업'이나 '시험'과 같은 추상 명사만 붙이면 이러한 말을 쉽게 할 수 있답니다.

곰곰이에게는 무엇이 있고, 없는지 살펴 볼까요?

🎧 들으면서
따라 말하기

🔊 둘의 대화를 먼저 들어본 후 큰 소리로 세 번 따라 읽어보아요. 특히 3성이 2성이나 반 3성으로 바뀌는 것에 주의하세요.

곰곰이

> 우어   이어우   꼬옹쭈어   니이 너
> **Wǒ yǒu gōngzuò. Nǐ ne?** 나는 직업이 있어. 너는?
> 我   有   工作。   你 呢?
>
> 工作 gōngzuò 몡 직업   呢 ne 조 ~는?

> 쯩언   빠앙
> **Zhēn bàng!** 멋지다!
> 真   棒!
> 真棒 zhēn bàng 멋지다

꽥꽥이

> 우어   하이   메이이어우   꼬옹쭈어   너
> **Wǒ hái méiyǒu gōngzuò ne.** 난 아직 직업이 없어.
> 我   还   没有   工作   呢。
> 还 hái 뭐 아직

꽥꽥이

기초문장 착!착!착!

🔊 '~yǒu(有) + 명사(~는 명사가 있다)' 공식을 사용한 기초 문장을 착!착!착! 익혀보아요. 부정할 때는 méi(没)를, 물을 때는 ma?(吗?)를 넣으면 돼요.

긍정하기

~yǒu + 명	
有	
~는 명이 있다	

우어　이어우　꼬옹쭈어
Wǒ yǒu gōngzuò.
我　有　工作。
나는　있다　직업

나는 직업이 있어.

부정하기

~méiyǒu + 명	
没 有	
~는 명이 없다	

우어　메이이어우　꼬옹쭈어
Wǒ méiyǒu gōngzuò.
我　没有　工作。
나는　없다　직업

나는 직업이 없어.

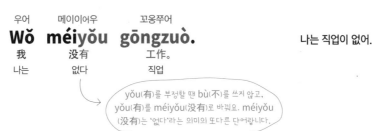

yǒu(有)를 부정할 땐 bù(不)를 쓰지 않고, yǒu(有)를 méiyǒu(没有)로 바꿔요. méiyǒu(没有)는 '없다'라는 의미의 또다른 단어랍니다.

吗로 묻기

~yǒu + 명 ma?	
有 吗	
~는 명이 있니?	

니이　이어우　꼬옹쭈어　마
Nǐ yǒu gōngzuò ma?
你　有　工作　吗?
너는　있다　직업　~니?

너는 직업이 있어?

정반의문문으로 묻기

~yǒu méi yǒu + 명?	
有 没 有	
~는 명이 있니 없니?	

니이　이어우　메이이어우　꼬옹쭈어
Nǐ yǒu méiyǒu gōngzuò?
你　有　没有　工作?
너는　있다　없다　직업

너는 직업이 있어 없어?

DAY 8
해커스 왕초보 중국어회화 10분의 기적 기초 중국어 말하기

Day 8 "나는 직업이 있어." 69

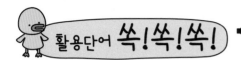 활용단어 쏙!쏙!쏙!

'~yǒu(有) + 명사(~는 명사가 있다)'에 들어갈 수 있는 추상적
의미의 명사를 쏙!쏙!쏙! 넣어서 말해보세요.

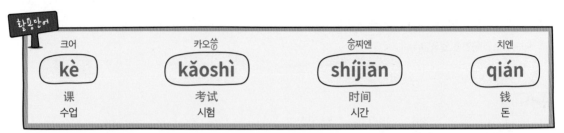

활용단어

크어	카오쓰	슝찌엔	치엔
kè	**kǎoshì**	**shíjiān**	**qián**
课	考试	时间	钱
수업	시험	시간	돈

긍정하기

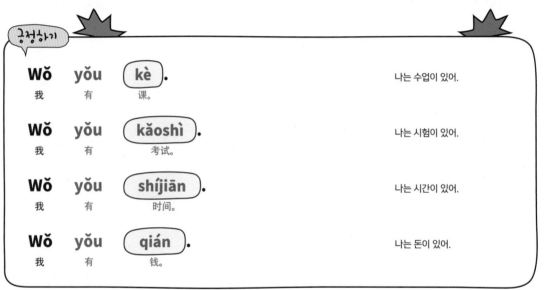

Wǒ	yǒu	kè	나는 수업이 있어.
我	有	课。	
Wǒ	yǒu	kǎoshì	나는 시험이 있어.
我	有	考试。	
Wǒ	yǒu	shíjiān	나는 시간이 있어.
我	有	时间。	
Wǒ	yǒu	qián	나는 돈이 있어.
我	有	钱。	

부정하기

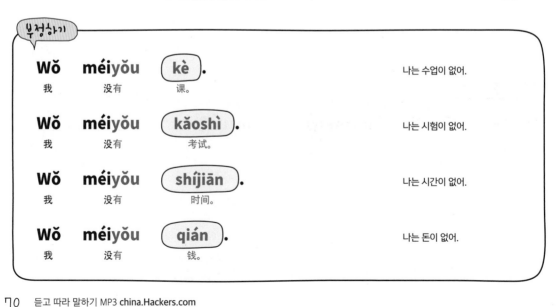

Wǒ	méiyǒu	kè	나는 수업이 없어.
我	没有	课。	
Wǒ	méiyǒu	kǎoshì	나는 시험이 없어.
我	没有	考试。	
Wǒ	méiyǒu	shíjiān	나는 시간이 없어.
我	没有	时间。	
Wǒ	méiyǒu	qián	나는 돈이 없어.
我	没有	钱。	

吗로 묻기

Nǐ	yǒu	kè	ma?	너는 수업이 있어?
你	有	课	吗?	

Nǐ	yǒu	kǎoshì	ma?	너는 시험이 있어?
你	有	考试	吗?	

Nǐ	yǒu	shíjiān	ma?	너는 시간이 있어?
你	有	时间	吗?	

Nǐ	yǒu	qián	ma?	너는 돈이 있어?
你	有	钱	吗?	

정반의문문으로 묻기

Nǐ	yǒu	méiyǒu	kè	?	너는 수업이 있어 없어?
你	有	没有	课	?	

Nǐ	yǒu	méiyǒu	kǎoshì	?	너는 시험이 있어 없어?
你	有	没有	考试	?	

Nǐ	yǒu	méiyǒu	shíjiān	?	너는 시간이 있어 없어?
你	有	没有	时间	?	

Nǐ	yǒu	méiyǒu	qián	?	너는 돈이 있어 없어?
你	有	没有	钱	?	

★ 부록 〈활용단어 더 익혀보기〉 p.219에서 더 많은 활용단어를 공식에 쏙! 넣고 입에 착! 붙여 보아요.

🔊 아래 병음으로 된 회화를 발음에 주의하여 큰 소리로 따라 읽고 뜻을 떠올려 봅니다. 이어 오른쪽에서 우리말만 보며 중국어로 말해보고, 중국어 한자만 보며 큰 소리로 읽어봅니다.

I

A Wǒ yǒu gōngzuò.　　　　我有工作。

B Zhēn bàng!　　　　真棒!

2

A Nǐ yǒu méiyǒu qián?　　　　你有没有钱?

B Méiyǒu, wǒ shì xuésheng!　　　　没有，我是学生!

学生 xuésheng 몡 학생

3

A Nǐ yǒu shíjiān ma?　　　　你有时间吗?

B Wǒ yǒu shíjiān.　　　　我有时间。

A Nà bāngbang wǒ ba!　　　　那帮帮我吧!

양념톡!톡! bāngbang(帮帮)은 동사 bāng (帮)이 반복된 동사 중첩이에요. 이러한 동사의 중첩은 '좀 ~해 봐, 한번 ~해 봐' 라는 의미를 더해준답니다.

那 nà 젭 그럼, 그러면　帮 bāng 동 돕다　吧 ba 조 ~해 줘

A 나는 직업이 있어.　　　　　我有工作。

B 멋지다!　　　　　　　　　　真棒!

A 너 돈 있어 없어?　　　　　　你有没有钱?

B 없어, 난 학생이잖아!　　　　没有，我是学生!

A 너 시간 있어?　　　　　　　你有时间吗?

B 나 시간 있어.　　　　　　　我有时间。

A 그럼 나 좀 도와줘!　　　　　那帮帮我吧!

DAY 9

"나는 먹방을 봐."

[~kàn + 명사 ~는 명사를 보다]
　　看

"나는 TV를 봐", "그녀는 영화를 봐"와 같은 말처럼, 일상에서 무언가를 보는 것에 대해 말하는 경우가 자주 있지 않나요? 중국어에서는 동사 kàn(看, ~을 보다) 다음에 볼 것을 나타내는 명사만 붙이면 이러한 말을 쉽게 할 수 있답니다.

지금 꽥꽥이와 곰곰이는 어떤 볼 것에 대해 얘기하고 있을까요?

🎧 들으면서
따라 말하기

🔊 둘의 대화를 먼저 들어본 후 큰 소리로 세 번 따라 읽어보아요. 특히 3성이 2성이나 반 3성으로 바뀌는 것에 주의하세요.

우어　카안　츠ⓗ뿌어　너
Wǒ kàn chībō ne! 나 먹방 본다!
我　看　吃播　呢! (나는 먹방을 봐!)

吃播 chībō 먹방

우어　부우　카안　츠ⓗ뿌어
Wǒ bú kàn chībō. 나는 먹방 안 봐.
我　不　看　吃播。

쯔ⓗ어거　흐언　이어우　이이스　너
Zhège hěn yǒu yìsi ne! 이거 재미있는데!
这个　很　有　意思　呢!

这个 zhège 때 이거, 이것　有意思 yǒu yìsi 재미있다

 기초문장 착!착!착!

🔊 '~kàn(看) + 명사(~는 명사를 보다)' 공식을 사용한 기초 문장을 착!착!착! 익혀보아요. 부정할 때는 bù(不)를, 물을 때는 ma?(吗?)를 넣으면 돼요.

 긍정하기

~kàn + 명		
看		
~는 명을 보다		

우어	카안	ⓗ츙뽀어
Wǒ	**kàn**	**chībō.**
我	看	吃播。
나는	보다	먹방을

나는 먹방을 봐.

부정하기

~bú kàn + 명		
不 看		
~는 명을 보지 않는다		

우어	부우	카안	ⓗ츙뽀어
Wǒ	**bú**	**kàn**	**chībō.**
我	不	看	吃播。
나는	아니	보다	먹방을

나는 먹방을 안 봐.

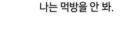 bù(不)는 뒤에 4성이 오면 2성으로 발음해요.

吗로 묻기

~kàn + 명 ma?		
看 吗		
~는 명을 보니?		

니이	카안	ⓗ츙뽀어	마
Nǐ	**kàn**	**chībō**	**ma?**
你	看	吃播	吗?
너는	보다	먹방을	~니?

너는 먹방을 봐?

정반의문문으로 묻기

~kàn bu kàn + 명?		
看 不 看		
~는 명을 보니 안 보니?		

니이	카안	부	카안	ⓗ츙뽀어
Nǐ	**kàn**	**bu**	**kàn**	**chībō?**
你	看	不	看	吃播?
너는	보다	안	보다	먹방을

너는 먹방을 봐 안 봐?

의문사로 묻기

~kàn + shénme?		
看 什么		
~는 무엇을 보니?		

니이	카안	ⓗ슞언머
Nǐ	**kàn**	**shénme?**
你	看	什么?
너는	보다	무엇을

너는 무엇을 봐?

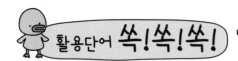

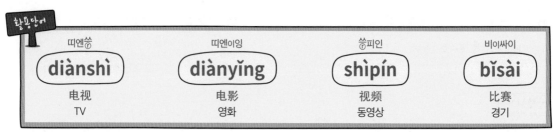

'~kàn(看) + 명사(~는 명사를 보다)'에 보는 것과 관련된 명사를
쏙!쏙!쏙! 넣어서 말해보세요.

활용단어

띠엔쓰	띠엔이잉	쓰피인	비이싸이
diànshì	**diànyǐng**	**shìpín**	**bǐsài**
电视	电影	视频	比赛
TV	영화	동영상	경기

긍정하기

Wǒ 我	**kàn** 看	**diànshì.** 电视。	나는 TV를 봐.
Wǒ 我	**kàn** 看	**diànyǐng.** 电影。	나는 영화를 봐.
Wǒ 我	**kàn** 看	**shìpín.** 视频。	나는 동영상을 봐.
Wǒ 我	**kàn** 看	**bǐsài.** 比赛。	나는 경기를 봐.

부정하기

Wǒ 我	**bú** 不	**kàn** 看	**diànshì.** 电视。	나는 TV를 안 봐.
Wǒ 我	**bú** 不	**kàn** 看	**diànyǐng.** 电影。	나는 영화를 안 봐.
Wǒ 我	**bú** 不	**kàn** 看	**shìpín.** 视频。	나는 동영상을 안 봐.
Wǒ 我	**bú** 不	**kàn** 看	**bǐsài.** 比赛。	나는 경기를 안 봐.

吗로 묻기

Nǐ	kàn	diànshì	ma?	너는 TV를 봐?
你	看	电视	吗?	

Nǐ	kàn	diànyǐng	ma?	너는 영화를 봐?
你	看	电影	吗?	

Nǐ	kàn	shìpín	ma?	너는 동영상을 봐?
你	看	视频	吗?	

Nǐ	kàn	bǐsài	ma?	너는 경기를 봐?
你	看	比赛	吗?	

정반의문문으로 묻기

Nǐ	kàn	bu	kàn	diànshì	?	너는 TV를 봐 안 봐?
你	看	不	看	电视?		

Nǐ	kàn	bu	kàn	diànyǐng	?	너는 영화를 봐 안 봐?
你	看	不	看	电影?		

Nǐ	kàn	bu	kàn	shìpín	?	너는 동영상을 봐 안 봐?
你	看	不	看	视频?		

Nǐ	kàn	bu	kàn	bǐsài	?	너는 경기를 봐 안 봐?
你	看	不	看	比赛?		

★ 부록 〈활용단어 더 익혀보기〉 p.220에서 더 많은 활용단어를 공식에 쏙! 넣고 입에 착! 붙여 보아요.

🔊 아래 병음으로 된 회화를 발음에 주의하여 큰 소리로 따라 읽고 뜻을 떠올려 봅니다. 이어 오른쪽에서 우리말만 보며 중국어로 말해보고, 중국어 한자만 보며 큰 소리로 읽어봅니다.

1

A Wǒ kàn chībō ne!   我看吃播呢!

B Wǒ bú kàn chībō.   我不看吃播。

2

A Nǐ kàn bu kàn bǐsài?   你看不看比赛?

B Bú kàn, wǒ bùgǎn kàn.   不看，我不敢看。

不敢 bùgǎn 동 도저히 ~하지 못하다, ~할 용기가 없다

3

A Nǐ kàn shénme?   你看什么?

B Wǒ kàn diànyǐng.   我看电影。

A Wǒmen yìqǐ kàn ba.   我们一起看吧。

一起 yìqǐ 부 같이   吧 ba 조 ~하자

A 나는 먹방을 본다!   我看吃播呢!

B 나는 먹방 안 봐.   我不看吃播。

A 너 경기 봐 안 봐?   你看不看比赛?

B 안 봐, 나 도저히 못 보겠어.   不看，我不敢看。

A 너 뭐 봐?   你看什么?

B 나 영화 봐.   我看电影。

A 우리 같이 보자.   我们一起看吧。

DAY 10

"나는 은행에 가."

[~qù + 명사 ~는 명사에 가다]
去

"나는 회사에 가", "그는 카페에 가"와 같은 말처럼, 일상에서 어디에 간다는 말을 하는 경우가 자주 있지 않나요? 중국어에서는 동사 qù(去, ~에 가다) 다음에 장소를 나타내는 명사만 붙이면 이러한 말을 쉽게 할 수 있답니다.

지금 꽥꽥이와 곰곰이는 어딜 가고 있을까요?

🎧 들으면서 따라 말하기

🔊 둘의 대화를 먼저 들어본 후 큰 소리로 세 번 따라 읽어보아요. 특히 3성이 2성이나 반 3성으로 바뀌는 것에 주의하세요.

곰곰이
> 우어　취이　이인하앙
> **Wǒ qù yínháng.** 나는 은행에 가.
> 我　去　銀行。
>
> 銀行 yínháng 명 은행

> 우어　부우　취이　우어　이어우　치엔　난 안 가,
> **Wǒ bú qù, wǒ yǒu qián.** 나 돈 있어.
> 我　不　去，我　有　钱。
>
> 有 yǒu 동 있다　钱 qián 명 돈

꽥꽥이

곰곰이
> 어우　하오　하오
> **Ò, hǎo, hǎo!** 오, 좋네, 좋아!
> 哦，好，好！
>
> 哦 ò 오, 어머　好 hǎo 형 좋다

기초문장 **착!착!착!**

🔊 '~qù(去) + 명사(~는 명사에 가다)' 공식을 사용한 기초 문장을 착!착!착! 익혀보아요. 부정할 때는 bù(不)를, 물을 때는 ma?(吗?)를 넣으면 돼요.

긍정하기

| ~qù + 명
去
~는 명에 가다 | 우어
Wǒ
我
나는 | 취이
qù
去
가다 | 이인하앙
yínháng.
银行。
은행에 | 나는 은행에 가. |

부정하기

| ~bú qù + 명
不 去
~는 명에 가지 않는다 | 우어
Wǒ
我
나는 | 부우
bú
不
아니 | 취이
qù
去
가다 | 이인하앙
yínháng.
银行。
은행에 | 나는 은행에 안 가. |

> bù(不)는 뒤에 4성이 오면 2성으로 발음해요.

吗로 묻기

| ~qù + 명 ma?
去 吗
~는 명에 가니? | 니이
Nǐ
你
너는 | 취이
qù
去
가다 | 이인하앙
yínháng
银行
은행에 | 마
ma?
吗?
~니? | 너는 은행에 가? |

정반의문문으로 묻기

| ~qù bu qù + 명?
去 不 去
~는 명에 가니 안 가니? | 니이
Nǐ
你
너는 | 취이
qù
去
가다 | 부
bu
不
안 | 취이
qù
去
가다 | 이인하앙
yínháng?
银行?
은행에 | 너는 은행에 가 안 가? |

의문사로 묻기

| ~qù + nǎr
去 哪儿
~는 어디에 가니? | 니이
Nǐ
你
너는 | 취이
qù
去
가다 | 나알
nǎr?
哪儿?
어디에 | 너는 어디 가? |

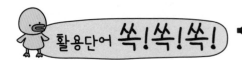

🔊 '~qù(去) + 명사(~는 명사에 가다)'에 장소를 나타내는 명사를
쏙!쏙!쏙! 넣어서 말해보세요.

활용단어

꼬옹쓰으	쉬에씨아오	츶아오쓷	카아(f)에이티잉
gōngsī	**xuéxiào**	**chāoshì**	**kāfēitīng**
公司	学校	超市	咖啡厅
회사	학교	마트 (슈퍼마켓)	카페

공정하기

Wǒ	qù	**gōngsī**	나는 회사에 가.
我	去	公司。	

Wǒ	qù	**xuéxiào**	나는 학교에 가.
我	去	学校。	

Wǒ	qù	**chāoshì**	나는 마트에 가.
我	去	超市。	

Wǒ	qù	**kāfēitīng**	나는 카페에 가.
我	去	咖啡厅。	

부정하기

Wǒ	bú	qù	**gōngsī**	나는 회사에 안 가.
我	不	去	公司。	

Wǒ	bú	qù	**xuéxiào**	나는 학교에 안 가.
我	不	去	学校。	

Wǒ	bú	qù	**chāoshì**	나는 마트에 안 가.
我	不	去	超市。	

Wǒ	bú	qù	**kāfēitīng**	나는 카페에 안 가.
我	不	去	咖啡厅。	

Nǐ	qù	gōngsī	ma?	너는 회사에 가?
你	去	公司	吗?	

Nǐ	qù	xuéxiào	ma?	너는 학교에 가?
你	去	学校	吗?	

Nǐ	qù	chāoshì	ma?	너는 마트에 가?
你	去	超市	吗?	

Nǐ	qù	kāfēitīng	ma?	너는 카페에 가?
你	去	咖啡厅	吗?	

정반의문문으로 묻기

Nǐ	qù	bu	qù	gōngsī?	너는 회사에 가 안 가?
你	去	不	去	公司?	

Nǐ	qù	bu	qù	xuéxiào?	너는 학교에 가 안 가?
你	去	不	去	学校?	

Nǐ	qù	bu	qù	chāoshì?	너는 마트에 가 안 가?
你	去	不	去	超市?	

Nǐ	qù	bu	qù	kāfēitīng?	너는 카페에 가 안 가?
你	去	不	去	咖啡厅?	

★ 부록 <활용단어 더 익혀보기> p.221에서 더 많은 활용단어를 공식에 쏙! 넣고 입에 착! 붙여 보아요.

🔊 아래 병음으로 된 회화를 발음에 주의하여 큰 소리로 따라 읽고 뜻을 떠올려 봅니다. 이어 오른쪽에서 우리말만 보며 중국어로 말해보고, 중국어 한자만 보며 큰 소리로 읽어봅니다.

1

A Wǒ qù yínháng.   我去银行。

B Wǒ bú qù, wǒ yǒu qián.   我不去，我有钱。

2

A Tāmen bú qù kāfēitīng.   他们不去咖啡厅。

B Nà, qù nǎr?   那，去哪儿?

那 nà 접 그럼, 그러면

3

A Nǐ qù nǎr?   你去哪儿?

B Wǒ qù chāoshì.   我去超市。

A Lùshang xiǎoxīn ~   路上小心~

양념톡!톡! Lùshang xiǎoxīn(路上小心)은 '조심히 가세요(길에서 조심하세요)'라는 의미로 헤어질 때 자주 쓰는 표현이에요.

A 나는 은행에 가.　　　　　　我去银行。

B 난 안 가, 나 돈 있어.　　　　我不去，我有钱。

A 걔들은 카페에 안 가.　　　　他们不去咖啡厅。

B 그럼, 어디 가?　　　　　　　那，去哪儿？

A 너는 어디 가?　　　　　　　你去哪儿？

B 나는 마트에 가.　　　　　　我去超市。

A 조심히 가~　　　　　　　　路上小心~

DAY 11

"그녀는 밥을 먹어."

[**~chī + 명사** ~는 명사를 먹다]
吃

"나는 라면을 먹어", "그녀는 피자를 먹어"와 같은 말처럼, 일상에서 우리는 흔히 어떤 음식을 먹는다는 말을 합니다. 중국어에서는 동사 chī(吃, ~을 먹다) 다음에 먹을 것을 나타내는 명사만 붙이면 이러한 말을 쉽게 할 수 있어요.

지금 꽥꽥이와 곰곰이는 먹는 것에 대해 무슨 얘기하고 있을까요?

🎧 들으면서
따라 말하기

🔊 둘의 대화를 먼저 들어본 후 큰 소리로 세 번 따라 읽어보아요. 특히 3성이 2성이나 반 3성으로 바뀌는 것에 주의하세요.

꽥꽥이

자오 타아 츙 f(하)안 너
Zǎo! Tā chī fàn ne. 좋은 아침! 그녀는 밥 먹네.
早! 她 吃 饭 呢。
루 zǎo 좋은 아침(아침 인사) 饭 fàn 명밥 呢 ne 조진행 동작을 가볍게 나타냄

니이 이에 츙 f(하)안 마
Nǐ yě chī fàn ma? 너도 밥 먹어?
你 也 吃 饭 吗?
也 yě 부~도

곰곰이

꽥꽥이

뿌우 우어 부우 으어
Bù, wǒ bú è. 아니, 나는 배 안 고파.
不, 我 不 饿。
饿 è 형배고프다

기초문장 착!착!착!

◀)) '~chī(吃) + 명사(~는 명사를 먹다)' 공식을 사용한 기초 문장을 착!착!착! 익혀보아요. 부정할 때는 bù(不)를, 물을 때는
ma?(吗?)를 넣으면 돼요.

긍정하기

~chī + 명 吃 ~는 명을 먹다	타아 **Tā** 她 그녀는	츨⑥ **chī** 吃 먹다	⑪아안 **fàn.** 饭。 밥을	그녀는 밥을 먹어.

부정하기

~bù chī + 명 不 吃 ~는 명을 먹지 않는다	타아 **Tā** 她 그녀는	뿌우 **bù** 不 아니	츨⑥ **chī** 吃 먹다	⑪아안 **fàn.** 饭。 밥을	그녀는 밥을 안 먹어.

吗로 묻기

~chī + 명 ma? 吃 吗 ~는 명을 먹니?	타아 **Tā** 她 그녀는	츨⑥ **chī** 吃 먹다	⑪아안 **fàn** 饭 밥을	마 **ma?** 吗? ~니?	그녀는 밥을 먹어?

정반의문문으로 묻기

~chī bu chī + 명? 吃 不 吃 ~는 명을 먹니 안 먹니?	타아 **Tā** 她 그녀는	츨⑥ **chī** 吃 먹다	부 **bu** 不 안	츨⑥ **chī** 吃 먹다	⑪아안 **fàn?** 饭? 밥을	그녀는 밥을 먹어 안 먹어?

의문사로 묻기

~chī + shénme? 吃 什么 ~는 무엇을 먹니?	타아 **Tā** 她 그녀는	츨⑥ **chī** 吃 먹다	슝언머 **shénme?** 什么? 무엇을	그녀는 뭐 먹어? (그녀는 무엇을 먹어?)

활용단어 쏙!쏙!쏙!

🔊 '~chī(吃) + 명사(~는 명사를 먹다)'에 먹을 것을 나타내는 명사를
쏙!쏙!쏙! 넣어서 말해보세요.

활용단어

㈜앙삐엔미엔	비이싸아	우우후아ㄹ̄어우	이앙ㄹ̄어우츙우알
fāngbiànmiàn	**bǐsà**	**wǔhuāròu**	**yángròuchuànr**
方便面	比萨	五花肉	羊肉串儿
라면	피자	삼겹살	양꼬치

긍정하기

Tā 她	**chī** 吃	**fāngbiànmiàn** 方便面。	그녀는 라면을 먹어.
Tā 她	**chī** 吃	**bǐsà** 比萨。	그녀는 피자를 먹어.
Tā 她	**chī** 吃	**wǔhuāròu** 五花肉。	그녀는 삼겹살을 먹어.
Tā 她	**chī** 吃	**yángròuchuànr** 羊肉串儿。	그녀는 양꼬치를 먹어.

부정하기

Tā 她	**bù** 不	**chī** 吃	**fāngbiànmiàn** 方便面。	그녀는 라면을 안 먹어.
Tā 她	**bù** 不	**chī** 吃	**bǐsà** 比萨。	그녀는 피자를 안 먹어.
Tā 她	**bù** 不	**chī** 吃	**wǔhuāròu** 五花肉。	그녀는 삼겹살을 안 먹어.
Tā 她	**bù** 不	**chī** 吃	**yángròuchuànr** 羊肉串儿。	그녀는 양꼬치를 안 먹어.

吗로 묻기

Tā	chī	fāngbiànmiàn	ma?	그녀는 라면을 먹어?
她	吃	方便面	吗?	

Tā	chī	bǐsà	ma?	그녀는 피자를 먹어?
她	吃	比萨	吗?	

Tā	chī	wǔhuāròu	ma?	그녀는 삼겹살을 먹어?
她	吃	五花肉	吗?	

Tā	chī	yángròuchuànr	ma?	그녀는 양꼬치를 먹어?
她	吃	羊肉串儿	吗?	

정반의문문으로 묻기

Tā	chī	bu	chī	fāngbiànmiàn?	그녀는 라면을 먹어 안 먹어?
她	吃	不	吃	方便面?	

Tā	chī	bu	chī	bǐsà?	그녀는 피자를 먹어 안 먹어?
她	吃	不	吃	比萨?	

Tā	chī	bu	chī	wǔhuāròu?	그녀는 삼겹살을 먹어 안 먹어?
她	吃	不	吃	五花肉?	

Tā	chī	bu	chī	yángròuchuànr?	그녀는 양꼬치를 먹어 안 먹어?
她	吃	不	吃	羊肉串儿?	

★ 부록 〈활용단어 더 익혀보기〉 p.222에서 더 많은 활용단어를 공식에 쏙! 넣고 입에 착! 붙여 보아요.

1

A Zǎo! Tā chī fàn ne. 　　早! 她吃饭呢。

B Nǐ yě chī fàn ma? 　　你也吃饭吗?

2

A Tāmen chī bǐsà. 　　她们/他们吃比萨。

B Nà, wǒmen chī shénme? 　　那, 我们吃什么?

她们/他们 tāmen 때 그녀들, 그들　我们 wǒmen 때 우리

3

A Nǐ chī shénme? 　　你吃什么?

B Wǒ chī fāngbiànmiàn. 　　我吃方便面。

A Wǒ yě yào! 　　我也要!

要 yào 통 원하다

A 좋은 아침! 그녀는 밥 먹네.　　　早！她吃饭呢。

B 너도 밥 먹어?　　　你也吃饭吗？

A 쟤들은 피자 먹어.　　　她们/他们吃比萨。

B 그럼, 우리는 뭐 먹어?　　　那，我们吃什么？

A 너 뭐 먹어?　　　你吃什么？

B 나는 라면 먹어.　　　我吃方便面。

A 나도 먹을래! (나도 원해!)　　　我也要!

DAY 12

"나는 할아버지를 사랑해."

[**~ài** + **명사** ~는 명사를 사랑하다]
爱

"나는 엄마를 사랑해", "그는 아빠를 사랑해"와 같은 말처럼 누군가에게 사랑한다고 말하고 싶을 때가 있지 않나요? 중국어에서는 동사 ài(爱, ~를 사랑하다) 다음에 사랑의 대상이 될 수 있는 명사만 붙이면 이러한 말을 쉽게 할 수 있답니다.

여기선 곰곰이와 꽥꽥이가 '가족'을 사랑한다는 이야기를 하고 있네요. 한번 살펴볼까요?

🎧 들으면서
따라 말하기

🔊 둘의 대화를 먼저 들어본 후 큰 소리로 세 번 따라 읽어보아요. 특히 3성이 2성이나 반 3성으로 바뀌는 것에 주의하세요.

곰곰이

> 우어 아이 이에예
> **Wǒ ài yéye.** 나는 할아버지를 사랑해.
> 我 爱 爷爷。
>
> 爷爷 yéye 몡 할아버지

> 우어 이에 아이 우어 이에예
> **Wǒ yě ài wǒ yéye.** 나도 우리 할아버지 사랑해.
> 我 也 爱 我 爷爷。
>
> 也 yě 뿐 ~도

꽥꽥이

곰곰이

> 슝에이 부우 아이 이에예 너
> **Shéi bú ài yéye ne!** 누가 할아버지를 안 사랑하겠어!
> 谁 不 爱 爷爷 呢!
>
> 谁 shéi 데 누구 呢 ne 죠 문장 끝에서 확신의 뉘앙스를 나타냄

기초문장 착!착!착!

🔊 '~ài(爱) + 명사(~는 명사를 사랑하다)' 공식을 사용한 기초 문장을 착!착!착! 익혀보아요. 부정할 때는 bù(不)를, 물을 때는 ma?(吗?)를 넣으면 돼요.

긍정하기

~ài + 명	우어	아이	이에에
爱	**Wǒ**	**ài**	**yéye.**
~는 명을 사랑하다	我	爱	爷爷。
	나는	사랑하다	할아버지를

나는 할아버지를 사랑해.

부정하기

~bú ài + 명	우어	부우	아이	이에에
不 爱	**Wǒ**	**bú**	**ài**	**yéye.**
~는 명을 사랑하지 않는다	我	不	爱	爷爷。
	나는	아니	사랑하다	할아버지를

나는 할아버지를 안 사랑해.

bù(不)는 뒤에 4성이 오면 2성으로 발음해요.

吗로 묻기

~ài + 명 ma?	니이	아이	이에에	마
爱 吗	**Nǐ**	**ài**	**yéye**	**ma?**
~는 명을 사랑하니?	你	爱	爷爷	吗?
	너는	사랑하다	할아버지를	~니?

너는 할아버지를 사랑해?

정반의문문으로 묻기

~ài bu ài + 명?	니이	아이	부	아이	이에에
爱 不 爱	**Nǐ**	**ài**	**bu**	**ài**	**yéye?**
~는 명을 사랑하니 사랑하지 않니?	你	爱	不	爱	爷爷?
	너는	사랑하다	안	사랑하다	할아버지를

너는 할아버지를 사랑해 안 사랑해?

의문사로 묻기

~ài + shéi?	니이	아이	쉥에이
爱 谁	**Nǐ**	**ài**	**shéi?**
~는 누구를 사랑해?	你	爱	谁?
	너는	사랑하다	누구를

너는 누구를 사랑해?

활용단어 쏙! 쏙! 쏙!

'~ài(愛) + 명사(~는 명사를 사랑하다)'에 가족 구성원을 나타내는
명사를 쏙!쏙!쏙! 넣어서 말해보세요.

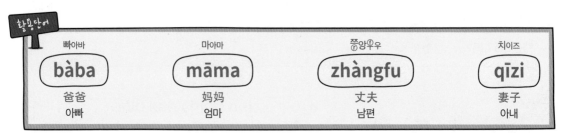

활용단어

빠아바	마아마	쯍앙⟨f⟩우	치이즈
bàba	**māma**	**zhàngfu**	**qīzi**
爸爸	妈妈	丈夫	妻子
아빠	엄마	남편	아내

긍정하기

| Wǒ | ài | bàba | | 나는 아빠를 사랑해. |
| 我 | 爱 | 爸爸。 | | |

| Wǒ | ài | māma | | 나는 엄마를 사랑해. |
| 我 | 爱 | 妈妈。 | | |

| Wǒ | ài | zhàngfu | | 나는 남편을 사랑해. |
| 我 | 爱 | 丈夫。 | | |

| Wǒ | ài | qīzi | | 나는 아내를 사랑해. |
| 我 | 爱 | 妻子。 | | |

부정하기

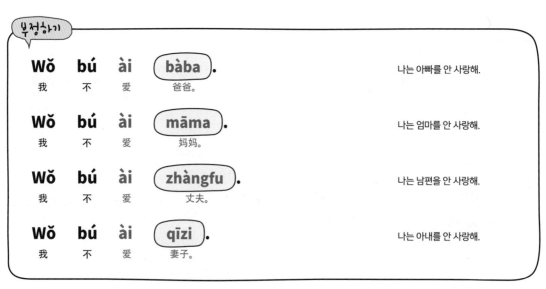

| Wǒ | bú | ài | bàba | 나는 아빠를 안 사랑해. |
| 我 | 不 | 爱 | 爸爸。 | |

| Wǒ | bú | ài | māma | 나는 엄마를 안 사랑해. |
| 我 | 不 | 爱 | 妈妈。 | |

| Wǒ | bú | ài | zhàngfu | 나는 남편을 안 사랑해. |
| 我 | 不 | 爱 | 丈夫。 | |

| Wǒ | bú | ài | qīzi | 나는 아내를 안 사랑해. |
| 我 | 不 | 爱 | 妻子。 | |

Nǐ	ài	bàba	ma?	너는 아빠를 사랑해?
你	爱	爸爸	吗?	

Nǐ	ài	māma	ma?	너는 엄마를 사랑해?
你	爱	妈妈	吗?	

Nǐ	ài	zhàngfu	ma?	너는 남편을 사랑해?
你	爱	丈夫	吗?	

Nǐ	ài	qīzi	ma?	너는 아내를 사랑해?
你	爱	妻子	吗?	

정반의문문으로 묻기

Nǐ	ài	bu	ài	bàba?	너는 아빠를 사랑해 안 사랑해?
你	爱	不	爱	爸爸?	

Nǐ	ài	bu	ài	māma?	너는 엄마를 사랑해 안 사랑해?
你	爱	不	爱	妈妈?	

Nǐ	ài	bu	ài	zhàngfu?	너는 남편을 사랑해 안 사랑해?
你	爱	不	爱	丈夫?	

Nǐ	ài	bu	ài	qīzi?	너는 아내를 사랑해 안 사랑해?
你	爱	不	爱	妻子?	

★ 부록 〈활용단어 더 익혀보기〉 p.223에서 더 많은 활용단어를 공식에 쏙! 넣고 입에 착! 붙여 보아요.

🔊 아래 병음으로 된 회화를 발음에 주의하여 큰 소리로 따라 읽고 뜻을 떠올려 봅니다. 이어 오른쪽에서 우리말만 보며 중국어로 말해보고, 중국어 한자만 보며 큰 소리로 읽어봅니다.

1

A Wǒ ài yéye.　　　　　　　　　我爱爷爷。

B Wǒ yě ài wǒ yéye.　　　　　　我也爱我爷爷。

2

A Nǐ ài bu ài māma?　　　　　　你爱不爱妈妈?

B Búyòng duō shuō!　　　　　　不用多说!

不用多说 búyòng duō shuō 두말하면 잔소리지 (많이 말할 것도 없지)

3

A Nǐ ài shéi?　　　　　　　　　你爱谁?

B Wǒ ài qīzi, nǐ ne?　　　　　　我爱妻子, 你呢?

A Wǒ ài wǒ zhàngfu!　　　　　　我爱我丈夫!

呢 ne 조 ~는?

A 나는 할아버지를 사랑해.　　　　我爱爷爷。

B 나도 우리 할아버지 사랑해.　　我也爱我爷爷。

A 너는 엄마를 사랑해 안 사랑해?　你爱不爱妈妈?

B 두말하면 잔소리지!　　　　　　不用多说!

A 너는 누구를 사랑해?　　　　　你爱谁?

B 나는 아내를 사랑해, 너는?　　我爱妻子, 你呢?

A 난 내 남편을 사랑해!　　　　我爱我丈夫!

DAY 13

"엄마는 봄을 좋아해."

[~xǐhuan + 명사 ~는 명사를 좋아하다]
  喜欢

"나는 파란색을 좋아해", "그는 강아지를 좋아해"와 같은 말처럼, 무엇을 좋아한다는 말을 하는 경우가 종종 있지 않나요? 중국어에서는 동사 xǐhuan(喜欢, ~을 좋아하다) 다음에 좋아하는 계절이나 색깔, 동물 등을 나타내는 명사만 붙이면 자신이 좋아하는 것을 쉽게 말할 수 있답니다.

꽥꽥이와 곰곰이는 무엇을 좋아하는지 한번 살펴볼까요?

🎧 들으면서
따라 말하기

🔊 둘의 대화를 먼저 들어본 후 큰 소리로 세 번 따라 읽어보아요. 특히 3성이 2성이나 반 3성으로 바뀌는 것에 주의하세요.

마마   시이환   츙우언티엔   엄마는 봄을
Māma xǐhuan chūntiān.   좋아해.
妈妈   喜欢   春天。

꽥꽥이   春天 chūntiān 몡 봄

나머 니이 이에 시이환 츙우언티엔 마   그럼 너도
Nàme nǐ yě xǐhuan chūntiān ma?   봄을 좋아해?
那么 你 也 喜欢 春天 吗?

也 yě 분 ~도   곰곰이

뿌우 우어 시이환 씨아티엔   아니, 나는
Bù, wǒ xǐhuan xiàtiān.   여름이 좋아.
不, 我 喜欢 夏天。

꽥꽥이   夏天 xiàtiān 몡 여름

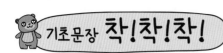

기초문장 착!착!착!

◄)) '~xǐhuan(喜欢) + 명사(~는 명사를 좋아하다)' 공식을 사용한 기초 문장을 착!착!착! 익혀보아요. 부정할 때는 bù(不)를, 물을 때는 ma?(吗?)를 넣으면 돼요.

긍정하기

~xǐhuan + 명
喜欢
~는 명을 좋아하다

마아마   시이환   츄우언티엔
Māma xǐhuan chūntiān.
妈妈   喜欢   春天。
엄마는   좋아하다   봄을

엄마는 봄을 좋아해.

부정하기

~bù xǐhuan + 명
不   喜欢
~는 명을 좋아하지 않는다

마아마   뿌우   시이환   츄우언티엔
Māma bù xǐhuan chūntiān.
妈妈   不   喜欢   春天。
엄마는   아니   좋아하다   봄을

엄마는 봄을 안 좋아해.

吗로 묻기

~xǐhuan + 명 ma?
喜欢   吗
~는 명을 좋아하니?

마아마   시이환   츄우언티엔   마
Māma xǐhuan chūntiān ma?
妈妈   喜欢   春天   吗?
엄마는   좋아하다   봄을   ~니?

엄마는 봄을 좋아해?

정반의문문으로 묻기

~xǐ bu xǐhuan + 명?
喜 不 喜欢
~는 명을 좋아하니
좋아하지 아니?

마아마   시이   부   시이환   츄우언티엔
Māma xǐ bu xǐhuan chūntiān?
妈妈   喜   不   喜欢   春天?
엄마는   좋아하다   안   좋아하다   봄을

엄마는 봄을 좋아해 안 좋아해?

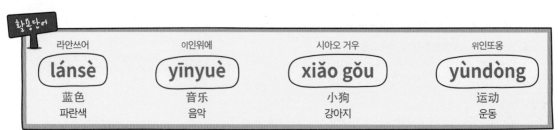

활용단어 쏙!쏙!쏙!

'~xǐhuan(喜欢) + 명사(~는 명사를 좋아하다)'에 동사 xǐhuan (喜欢)과 자주 쓰이는 명사를 쏙!쏙!쏙! 넣어서 말해보세요.

활용단어

라안쓰어	이인위에	시아오 거우	위인또옹
lánsè	**yīnyuè**	**xiǎo gǒu**	**yùndòng**
蓝色	音乐	小狗	运动
파란색	음악	강아지	운동

긍정하기

Māma	**xǐhuan**	**lánsè**.	엄마는 파란색을 좋아해.
妈妈	喜欢	蓝色。	
Māma	**xǐhuan**	**yīnyuè**.	엄마는 음악을 좋아해.
妈妈	喜欢	音乐。	
Māma	**xǐhuan**	**xiǎo gǒu**.	엄마는 강아지를 좋아해.
妈妈	喜欢	小狗。	
Māma	**xǐhuan**	**yùndòng**.	엄마는 운동을 좋아해.
妈妈	喜欢	运动。	

부정하기

Māma	**bù**	**xǐhuan**	**lánsè**.	엄마는 파란색을 안 좋아해.
妈妈	不	喜欢	蓝色。	
Māma	**bù**	**xǐhuan**	**yīnyuè**.	엄마는 음악을 안 좋아해.
妈妈	不	喜欢	音乐。	
Māma	**bù**	**xǐhuan**	**xiǎo gǒu**.	엄마는 강아지를 안 좋아해.
妈妈	不	喜欢	小狗。	
Māma	**bù**	**xǐhuan**	**yùndòng**.	엄마는 운동을 안 좋아해.
妈妈	不	喜欢	运动。	

吗로 묻기

Māma	xǐhuan	lánsè	ma?	엄마는 파란색을 좋아해?
妈妈	喜欢	蓝色	吗?	
Māma	xǐhuan	yīnyuè	ma?	엄마는 음악을 좋아해?
妈妈	喜欢	音乐	吗?	
Māma	xǐhuan	xiǎo gǒu	ma?	엄마는 강아지를 좋아해?
妈妈	喜欢	小狗	吗?	
Māma	xǐhuan	yùndòng	ma?	엄마는 운동을 좋아해?
妈妈	喜欢	运动	吗?	

정반의문문으로 묻기

Māma	xǐ	bu	xǐhuan	lánsè?	엄마는 파란색을 좋아해 안 좋아해?
妈妈	喜	不	喜欢	蓝色?	
Māma	xǐ	bu	xǐhuan	yīnyuè?	엄마는 음악을 좋아해 안 좋아해?
妈妈	喜	不	喜欢	音乐?	
Māma	xǐ	bu	xǐhuan	xiǎo gǒu?	엄마는 강아지를 좋아해 안 좋아해?
妈妈	喜	不	喜欢	小狗?	
Māma	xǐ	bu	xǐhuan	yùndòng?	엄마는 운동을 좋아해 안 좋아해?
妈妈	喜	不	喜欢	运动?	

★ 부록 〈활용단어 더 익혀보기〉 p.224에서 더 많은 활용단어를 공식에 쏙! 넣고 입에 착! 붙여 보아요.

1

A Māma xǐhuan chūntiān.　妈妈喜欢春天。

B Nàme nǐ yě xǐhuan chūntiān ma?　那么你也喜欢春天吗?

2

A Wǒ xǐhuan xiǎo gǒu.　我喜欢小狗。

B Wǒ yě shì! Wǒ ài xiǎo gǒu!　我也是! 我爱小狗!

爱 ài 동 좋아하다 (喜欢보다 어감이 셈)

3

A Tā xǐ bu xǐhuan yùndòng?　她喜不喜欢运动?

B Tā xǐhuan yùndòng.　她喜欢运动。

A Nà, tā xǐhuan shénme yùndòng?　那, 她喜欢什么运动?

A 엄마는 봄을 좋아해.　　　　　妈妈喜欢春天。

B 그럼 너도 봄을 좋아해?　　　　那么你也喜欢春天吗?

A 나는 강아지를 좋아해.　　　　　我喜欢小狗。

B 나도! 나 강아지 진짜 좋아해!　我也是! 我爱小狗!

A 그녀는 운동을 좋아해 안 좋아해?　她喜不喜欢运动?

B 그녀는 운동을 좋아해.　　　　　她喜欢运动。

A 그럼, 그녀는 어떤 운동을 좋아해?　那, 她喜欢什么运动?

DAY 14

"아빠는 맥주를 마셔."

[~hē + 명사 ~는 명사를 마시다]
　　喝

"아빠는 물을 마셔", "나는 커피를 마셔"와 같은 말처럼, 일상에서 어떤 음료를 마신다는 말을 하는 경우가 자주 있지 않나요? 중국어에서는 동사 hē(喝, ~을 마시다) 다음에 마실 것을 나타내는 명사만 붙이면 이러한 말을 쉽게 할 수 있답니다.

지금 꽥꽥이와 곰곰이는 어떤 음료에 대해 얘기하고 있을까요?

🎧 들으면서
따라 말하기

🔊 둘의 대화를 먼저 들어본 후, 큰 소리로 세 번 따라 읽어보아요.

곰곰이

빠아바　흐어　피이지어우　너
Bàba hē píjiǔ ne! 아빠는 맥주를 마셔!
爸爸　喝　啤酒　呢!

啤酒 píjiǔ 몡 맥주　呢 ne 조 진행 중인 동작을 나타냄

니이　너?　니이　뿌우　흐어　피이지어우　마
Nǐ ne? Nǐ bù hē píjiǔ ma? 너는? 너는
你 呢? 你 不 喝 啤酒 吗?　맥주 안 마셔?

꽥꽥이

곰곰이

우어　뿌우　시이환　피이지어우
Wǒ bù xǐhuan píjiǔ. 나는 맥주 안 좋아해.
我 不 喜欢 啤酒。

喜欢 xǐhuan 동 좋아하다

기초문장 착!착!착!

🔊 '~hē(喝) + 명사(~는 명사를 마시다)' 공식을 사용한 기초 문장을 착!착!착! 익혀보아요. 부정할 때는 bù(不)를, 물을 때는 ma?(吗?)를 넣으면 돼요.

공정하기

~hē + 명	
喝	
~는 명을 마시다	

빠아바　흐어　피이지어우
Bàba hē píjiǔ.
爸爸　喝　啤酒。
아빠는　마시다　맥주를

아빠는 맥주를 마셔.

부정하기

~bù hē + 명	
不 喝	
~는 명을 마시지 않는다	

빠아바　뿌우　흐어　피이지어우
Bàba bù hē píjiǔ.
爸爸　不　喝　啤酒。
아빠는　아니　마시다　맥주를

아빠는 맥주를 안 마셔.

吗로 묻기

~hē + 명 ma?	
喝 吗	
~는 명을 마시니?	

빠아바　흐어　피이지어우　마
Bàba hē píjiǔ ma?
爸爸　喝　啤酒　吗?
아빠는　마시다　맥주를　~니?

아빠는 맥주를 마셔?

정반의문문으로 묻기

~hē bu hē + 명?	
喝 不 喝	
~는 명을 마시니 마시지 않니?	

빠아바　흐어　부　흐어　피이지어우
Bàba hē bu hē píjiǔ?
爸爸　喝　不　喝　啤酒?
아빠는　마시다　안　마시다　맥주를

아빠는 맥주를 마셔 안 마셔?

의문사로 묻기

~hē + shénme?	
喝 什么	
~는 무엇을 마시니?	

빠아바　흐어　⑦승언머
Bàba hē shénme?
爸爸　喝　什么?
아빠는　마시다　무엇을

아빠는 무엇을 마셔?

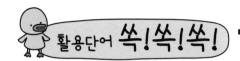

🔊 '~hē(喝) + 명사(~는 명사를 마시다)'에 음료를 나타내는 명사를 쏙!쏙!쏙! 넣어서 말해보세요.

활용단어

슝우에이	크어르어	카아f에이	나이ㅊ아
shuǐ	**kělè**	**kāfēi**	**nǎichá**
水	可乐	咖啡	奶茶
물	콜라	커피	밀크티

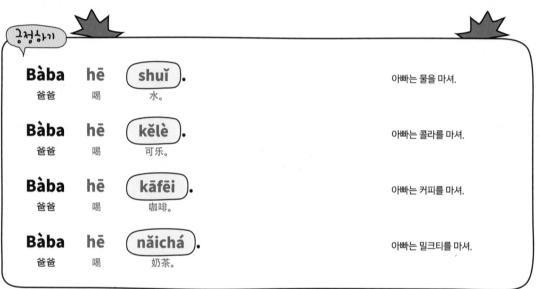

긍정하기

Bàba **hē** **shuǐ**.
爸爸 喝 水。
아빠는 물을 마셔.

Bàba **hē** **kělè**.
爸爸 喝 可乐。
아빠는 콜라를 마셔.

Bàba **hē** **kāfēi**.
爸爸 喝 咖啡。
아빠는 커피를 마셔.

Bàba **hē** **nǎichá**.
爸爸 喝 奶茶。
아빠는 밀크티를 마셔.

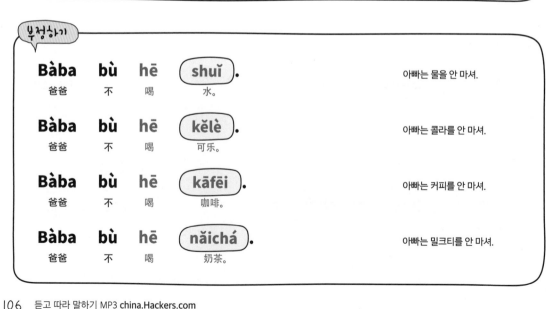

부정하기

Bàba **bù** **hē** **shuǐ**.
爸爸 不 喝 水。
아빠는 물을 안 마셔.

Bàba **bù** **hē** **kělè**.
爸爸 不 喝 可乐。
아빠는 콜라를 안 마셔.

Bàba **bù** **hē** **kāfēi**.
爸爸 不 喝 咖啡。
아빠는 커피를 안 마셔.

Bàba **bù** **hē** **nǎichá**.
爸爸 不 喝 奶茶。
아빠는 밀크티를 안 마셔.

吗로 묻기

Bàba	**hē**	**shuǐ**	**ma?**	아빠는 물을 마셔?
爸爸	喝	水	吗?	

Bàba	**hē**	**kělè**	**ma?**	아빠는 콜라를 마셔?
爸爸	喝	可乐	吗?	

Bàba	**hē**	**kāfēi**	**ma?**	아빠는 커피를 마셔?
爸爸	喝	咖啡	吗?	

Bàba	**hē**	**nǎichá**	**ma?**	아빠는 밀크티를 마셔?
爸爸	喝	奶茶	吗?	

정반의문문으로 묻기

Bàba	**hē**	**bu**	**hē**	**shuǐ**?	아빠는 물을 마셔 안 마셔?
爸爸	喝	不	喝	水?	

Bàba	**hē**	**bu**	**hē**	**kělè**?	아빠는 콜라를 마셔 안 마셔?
爸爸	喝	不	喝	可乐?	

Bàba	**hē**	**bu**	**hē**	**kāfēi**?	아빠는 커피를 마셔 안 마셔?
爸爸	喝	不	喝	咖啡?	

Bàba	**hē**	**bu**	**hē**	**nǎichá**?	아빠는 밀크티를 마셔 안 마셔?
爸爸	喝	不	喝	奶茶?	

★ 부록 〈활용단어 더 익혀보기〉 p.225에서 더 많은 활용단어를 공식에 쏙! 넣고 입에 착! 붙여 보아요.

🔊 아래 병음으로 된 회화를 발음에 주의하여 큰 소리로 따라 읽고 뜻을 떠올려 봅니다. 이어 오른쪽에서 우리말만 보며 중국어로 말해보고, 중국어 한자만 보며 큰 소리로 읽어봅니다.

1

A　Bàba hē píjiǔ ne!

爸爸喝啤酒呢!

B　Nǐ ne? Nǐ bù hē píjiǔ ma?

你呢? 你不喝啤酒吗?

2

A　Nǐ hē nǎichá ma?

你喝奶茶吗?

B　Èng, wǒ xǐhuan nǎichá.

嗯, 我喜欢奶茶。

喜欢 xǐhuan 통 좋아하다

3

A　Nǐ hē shénme?

你喝什么?

B　Wǒ hē kělè.

我喝可乐。

A　Nǐ tài xǐhuan kělè le.

你太喜欢可乐了。

太~了 tài~le 너무 ~하다

A 아빠는 맥주를 마셔!   爸爸喝啤酒呢！

B 너는? 너는 맥주 안 마셔?   你呢？你不喝啤酒吗？

A 너는 밀크티 마셔?   你喝奶茶吗？

B 응, 나 밀크티 좋아해.   嗯，我喜欢奶茶。

A 너는 뭐 마셔?   你喝什么？

B 나는 콜라 마셔.   我喝可乐。

A 너는 콜라를 너무 좋아해.   你太喜欢可乐了。

DAY 15

"나는 지하철을 타."

[**~zuò** + 명사 ~는 명사를 타다]
坐

"나는 버스를 타", "그는 택시를 타"와 같은 말처럼, 일상에서 어떤 교통수단을 탄다는 말을 하는 경우가 자주 있지 않나요? 중국어에서는 동사 zuò(坐, ~을 타다) 다음에 탈 것을 나타내는 명사만 붙이면 이러한 말을 쉽게 할 수 있답니다.

지금 꽥꽥이와 곰곰이는 무엇을 타려고 하는 걸까요?

🎧 들으면서
따라 말하기

🔊 둘의 대화를 먼저 들어본 후 큰 소리로 세 번 따라 읽어보아요. 특히 3성이 2성이나 반 3성으로 바뀌는 것에 주의하세요.

꽥꽥이

> 우어　쭈어　띠이티에　니이　너
> **Wǒ zuò dìtiě, nǐ ne?** 나는 지하철을 타, 너는?
> 我　坐　地铁,　你　呢?
>
> 地铁 dìtiě 명 지하철

> 나아　우어　이에　쭈어　띠이티에　바
> **Nà wǒ yě zuò dìtiě ba!** 그럼 나도 지하철 탈래!
> 那　我　也　坐　地铁　吧!
>
> 也 yě 부 ~도　吧 ba 조 ~할래

곰곰이

꽥꽥이

> 하오　쿠아이　취이　바
> **Hǎo, kuài qù ba.** 그래, 빨리 가자.
> 好,　快　去　吧.
>
> 快 kuài 부 빨리　去 qù 동 가다　吧 ba 조 ~하자

 기초문장 착!착!착!

🔊 '~zuò(坐) + 명사(~는 명사를 타다)' 공식을 사용한 기초 문장을 착!착!착! 익혀보아요. 부정할 때는 bù(不)를, 물을 때는 ma?(吗?)를 넣으면 돼요.

긍정하기

~zuò + 명
坐
~는 명을 타다

우어　쭈어　띠이티에
Wǒ zuò dìtiě.
我　坐　地铁。
나는　타다　지하철을

나는 지하철을 타.

부정하기

~bú zuò + 명
不 坐
~는 명을 타지 않는다

우어　부우　쭈어　띠이티에
Wǒ bú zuò dìtiě.
我　不　坐　地铁。
나는　아니　타다　지하철을

나는 지하철을 안 타.

> bù(不)는 뒤에 4성이 오면 2성으로 발음해요.

吗로 묻기

~zuò + 명 ma?
坐 吗
~는 명을 타니?

니이　쭈어　띠이티에　마
Nǐ zuò dìtiě ma?
你　坐　地铁　吗?
너는　타다　지하철을　~니?

너는 지하철을 타?

정반의문문으로 묻기

~zuò bu zuò + 명?
坐 不 坐
~는 명을 타니 안 타니?

니이　쭈어　부　쭈어　띠이티에
Nǐ zuò bu zuò dìtiě?
你　坐　不　坐　地铁?
너는　타다　안　타다　지하철을

너는 지하철을 타 안 타?

활용단어 쏙! 쏙! 쏙!

🔊 '~zuò(坐) + 명사(~는 명사를 타다)'에 교통 수단을 나타내는 명사를 쏙! 쏙! 쏙! 넣어서 말해보세요.

활용단어

꼬옹찌아오층어	층우쭈우층어	까오티에	ⓕ에이찌이
gōngjiāochē	**chūzūchē**	**gāotiě**	**fēijī**
公交车	出租车	高铁	飞机
버스	택시	고속 철도	비행기

긍정하기

Wǒ	zuò	**gōngjiāochē**.	나는 버스를 타.
我	坐	公交车。	

Wǒ	zuò	**chūzūchē**.	나는 택시를 타.
我	坐	出租车。	

Wǒ	zuò	**gāotiě**.	나는 고속 철도를 타.
我	坐	高铁。	

Wǒ	zuò	**fēijī**.	나는 비행기를 타.
我	坐	飞机。	

부정하기

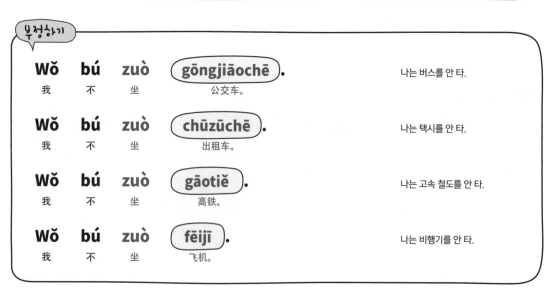

Wǒ	bú	zuò	**gōngjiāochē**.	나는 버스를 안 타.
我	不	坐	公交车。	

Wǒ	bú	zuò	**chūzūchē**.	나는 택시를 안 타.
我	不	坐	出租车。	

Wǒ	bú	zuò	**gāotiě**.	나는 고속 철도를 안 타.
我	不	坐	高铁。	

Wǒ	bú	zuò	**fēijī**.	나는 비행기를 안 타.
我	不	坐	飞机。	

吗로 묻기

Nǐ **zuò** gōngjiāochē **ma?**
你 坐 公交车 吗?

너는 버스를 타?

Nǐ **zuò** chūzūchē **ma?**
你 坐 出租车 吗?

너는 택시를 타?

Nǐ **zuò** gāotiě **ma?**
你 坐 高铁 吗?

너는 고속 철도를 타?

Nǐ **zuò** fēijī **ma?**
你 坐 飞机 吗?

너는 비행기를 타?

정반의문문으로 묻기

Nǐ **zuò** **bu** **zuò** gōngjiāochē **?**
你 坐 不 坐 公交车?

너는 버스를 타 안 타?

Nǐ **zuò** **bu** **zuò** chūzūchē **?**
你 坐 不 坐 出租车?

너는 택시를 타 안 타?

Nǐ **zuò** **bu** **zuò** gāotiě **?**
你 坐 不 坐 高铁?

너는 고속 철도를 타 안 타?

Nǐ **zuò** **bu** **zuò** fēijī **?**
你 坐 不 坐 飞机?

너는 비행기를 타 안 타?

★ 부록 〈활용단어 더 익혀보기〉 p.226에서 더 많은 활용단어를 공식에 쏙! 넣고 입에 착! 붙여 보아요.

🔊 아래 병음으로 된 회화를 발음에 주의하여 큰 소리로 따라 읽고 뜻을 떠올려 봅니다. 이어 오른쪽에서 우리말만 보며 중국어로 말해보고, 중국어 한자만 보며 큰 소리로 읽어봅니다.

1

A Wǒ zuò dìtiě, nǐ ne?   我坐地铁，你呢?

B Nà wǒ yě zuò dìtiě ba!   那我也坐地铁吧!

2

A Wǒmen bú zuò gāotiě ma?   我们不坐高铁吗?

B Gāotiě xiànzài méiyǒu piào.   高铁现在没有票。

我们 wǒmen 대 우리　现在 xiànzài 명 지금, 현재　没有 méiyǒu 동 없다　票 piào 명 표

3

A Wǒ zuò chūzūchē.   我坐出租车。

B Nǐ bú zuò gōngjiāochē ma?   你不坐公交车吗?

A Èng, wǒ hěn máng.   嗯，我很忙。

忙 máng 형 바쁘다

A 나는 지하철을 타, 너는?　　　　我坐地铁，你呢？

B 그럼 나도 지하철 탈래!　　　　那我也坐地铁吧！

A 우리 고속 철도 안 타?　　　　我们不坐高铁吗？

B 지금 고속 철도 표가 없어.　　　　高铁现在没有票。

A 나 택시 탄다.　　　　我坐出租车。

B 너 버스 안 타?　　　　你不坐公交车吗？

A 응, 나 바빠.　　　　嗯，我很忙。

DAY 16

"우리 엄마는 중국어를 배워."

[**~xué** + 명사 ~는 명사를 배우다]
　　学

"우리 엄마는 영어를 배워", "우리 아빠는 다도를 배워"와 같은 말처럼, 외국어나 지식, 학문을 배운다는 말을 일상에서 자주 하지 않나요? 중국어에서는 동사 xué(学, ~을 배우다) 다음에 배움의 대상이 되는 명사만 붙이면 이러한 말을 쉽게 할 수 있답니다.

지금 꽥꽥이와 곰곰이는 무엇을 배우는 것에 대해 얘기하고 있을까요?

🎧 들으면서
따라 말하기

🔊 둘의 대화를 먼저 들어본 후 큰 소리로 세 번 따라 읽어보아요.

곰곰이

우어　마아마　쉬에　하안위이　너
Wǒ māma xué Hànyǔ ne.
我　妈妈　学　汉语　呢。

우리 엄마는
중국어를 배워.

妈妈 māma 명 엄마　汉语 Hànyǔ 명 중국어

니이 너　니이 뿌우 쉬에 하안위이 마
Nǐ ne? Nǐ bù xué Hànyǔ ma?
你 呢? 你 不 学 汉语 吗?

너는? 너는
중국어 안 배워?

꽥꽥이

곰곰이

우어 쭈에이찌인 쉬에 이잉위이
Wǒ zuìjìn xué Yīngyǔ.
我 最近 学 英语。

나는 요즘 영어 배워.

最近 zuìjìn 명 요즘　英语 Yīngyǔ 명 영어

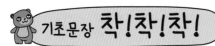 기초문장 착!착!착!

🔊 '~xué(学) + 명사(~는 명사를 배우다)' 공식을 사용한 기초 문장을 착!착!착! 익혀보아요. 부정할 때는 bù(不)를, 물을 때는 ma?(吗?)를 넣으면 돼요.

긍정하기

~xué + 명				
学				
~는 명을 배우다				

우어	마아마	쉬에	하안위이
Wǒ	**māma**	**xué**	**Hànyǔ.**
我	妈妈	学	汉语。
우리	엄마는	배우다	중국어를

우리 엄마는 중국어를 배워.

부정하기

~bù xué + 명				
不 学				
~는 명을 배우지 않는다				

우어	마아마	뿌우	쉬에	하안위이
Wǒ	**māma**	**bù**	**xué**	**Hànyǔ.**
我	妈妈	不	学	汉语。
우리	엄마는	아니	배우다	중국어를

우리 엄마는 중국어를 안 배워.

吗로 묻기

~xué + 명 ma?				
学 吗				
~는 명을 배우니?				

니이	마아마	쉬에	하안위이	마
Nǐ	**māma**	**xué**	**Hànyǔ**	**ma?**
你	妈妈	学	汉语	吗?
너희	엄마는	배우다	중국어를	~니?

너희 엄마는 중국어 배우셔?

정반의문문으로 묻기

~xué bu xué + 명?					
学 不 学					
~는 명을 배우니 안 배우니?					

니이	마아마	쉬에	부	쉬에	하안위이
Nǐ	**māma**	**xué**	**bu**	**xué**	**Hànyǔ?**
你	妈妈	学	不	学	汉语?
너희	엄마는	배우다	안	배우다	중국어를

너희 엄마는 중국어 배우셔 안 배우셔?

🔊 '~xué(学) + 명사(~는 명사를 배우다)'에 배움의 대상이 되는
명사를 쏙!쏙!쏙! 넣어서 말해보세요.

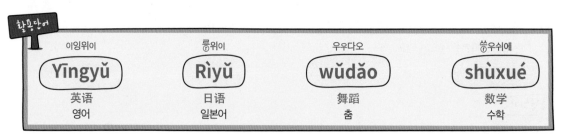

활용단어

이잉위이	르ⓡ위이	우우다오	쓰ⓗ우쉬에
Yīngyǔ	**Rìyǔ**	**wǔdǎo**	**shùxué**
英语	日语	舞蹈	数学
영어	일본어	춤	수학

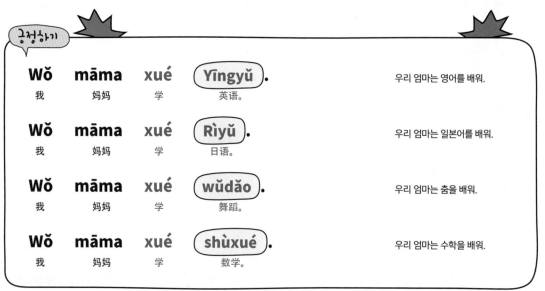

긍정하기

Wǒ	māma	xué	Yīngyǔ.	우리 엄마는 영어를 배워.
我	妈妈	学	英语。	

Wǒ	māma	xué	Rìyǔ.	우리 엄마는 일본어를 배워.
我	妈妈	学	日语。	

Wǒ	māma	xué	wǔdǎo.	우리 엄마는 춤을 배워.
我	妈妈	学	舞蹈。	

Wǒ	māma	xué	shùxué.	우리 엄마는 수학을 배워.
我	妈妈	学	数学。	

부정하기

Wǒ	māma	bù	xué	Yīngyǔ.	우리 엄마는 영어를 안 배워.
我	妈妈	不	学	英语。	

Wǒ	māma	bù	xué	Rìyǔ.	우리 엄마는 일본어를 안 배워.
我	妈妈	不	学	日语。	

Wǒ	māma	bù	xué	wǔdǎo.	우리 엄마는 춤을 안 배워.
我	妈妈	不	学	舞蹈。	

Wǒ	māma	bù	xué	shùxué.	우리 엄마는 수학을 안 배워.
我	妈妈	不	学	数学。	

吗로 묻기

Nǐ	**māma**	**xué**	**Yīngyǔ**	**ma?**	너희 엄마는 영어 배우셔?
你	妈妈	学	英语	吗?	

Nǐ	**māma**	**xué**	**Rìyǔ**	**ma?**	너희 엄마는 일본어 배우셔?
你	妈妈	学	日语	吗?	

Nǐ	**māma**	**xué**	**wǔdǎo**	**ma?**	너희 엄마는 춤 배우셔?
你	妈妈	学	舞蹈	吗?	

Nǐ	**māma**	**xué**	**shùxué**	**ma?**	너희 엄마는 수학 배우셔?
你	妈妈	学	数学	吗?	

정반의문문으로 묻기

Nǐ	**māma**	**xué**	**bu**	**xué**	**Yīngyǔ?**	너희 엄마는 영어 배우셔 안 배우셔?
你	妈妈	学	不	学	英语?	

Nǐ	**māma**	**xué**	**bu**	**xué**	**Rìyǔ?**	너희 엄마는 일본어 배우셔 안 배우셔?
你	妈妈	学	不	学	日语?	

Nǐ	**māma**	**xué**	**bu**	**xué**	**wǔdǎo?**	너희 엄마는 춤 배우셔 안 배우셔?
你	妈妈	学	不	学	舞蹈?	

Nǐ	**māma**	**xué**	**bu**	**xué**	**shùxué?**	너희 엄마는 수학 배우셔 안 배우셔?
你	妈妈	学	不	学	数学?	

★ 부록 〈활용단어 더 익혀보기〉 p.227에서 더 많은 활용단어를 공식에 쏙! 넣고 입에 착! 붙여 보아요.

🔊 아래 병음으로 된 회화를 발음에 주의하여 큰 소리로 따라 읽고 뜻을 떠올려 봅니다. 이어 오른쪽에서 우리말만 보며 중국어로 말해보고, 중국어 한자만 보며 큰 소리로 읽어봅니다.

1

A Wǒ māma xué Hànyǔ ne.　　　　我妈妈学汉语呢。

B Nǐ ne? Nǐ bù xué Hànyǔ ma?　　你呢? 你不学汉语吗?

2

A Nǐ xué Rìyǔ ma?　　　　你学日语吗?

B Bù, Rìyǔ méi yìsi.　　　　不，日语没意思。

没意思 méi yìsi 재미없다

3

A Nǐ zuìjìn xué shénme?　　　　你最近学什么?

B Wǒ xué wǔdǎo. Nǐ ne?　　　　我学舞蹈。你呢?

A Wǒ xué shùxué.　　　　我学数学。

最近 zuìjìn 뗑 요즘, 최근

A 우리 엄마는 중국어를 배워.   我妈妈学汉语呢。

B 너는? 너는 중국어 안 배워?   你呢？你不学汉语吗？

A 너는 일본어를 배워?   你学日语吗？

B 아니, 일본어 재미없어.   不，日语没意思。

A 너 요즘 뭐 배워?   你最近学什么？

B 나 춤 배워. 너는?   我学舞蹈。你呢？

A 나는 수학 배워.   我学数学。

DAY 17

"나는 보고서를 써."

[~xiě + 명사 ~는 명사를 쓰다]
写

"나는 일기를 써", "그녀는 논문을 써"와 같은 말처럼, 일상에서 무언가를 쓴다는 말을 하는 경우가 자주 있지 않나요? 중국어에서는 동사 xiě(写, ~을 쓰다) 다음에 쓸 것을 나타내는 명사만 붙이면 이러한 말을 쉽게 할 수 있답니다.

지금 꽥꽥이와 곰곰이는 어떤 쓸 것에 대해 얘기하고 있을까요?

🎧 들으면서
따라 말하기

🔊 둘의 대화를 먼저 들어본 후 큰 소리로 세 번 따라 읽어보아요. 특히 3성이 2성이나 반 3성으로 바뀌는 것에 주의하세요.

우어   시에   빠오까오   너
Wǒ xiě bàogào ne. 나는 보고서 쓴다.
我   写   报告   呢。

报告 bàogào 명 보고서

꽥꽥이

승   마   우어   시에   지엔리이   너
Shì ma? Wǒ xiě jiǎnlì ne. 그래? 나는
是 吗? 我 写 简历 呢。 이력서 쓰는데.

是吗 shì ma 그래?, 그러니? 简历 jiǎnlì 명 이력서

곰곰이

우어먼   찌아이어우   바
Wǒmen jiāyóu ba! 우리 힘내자!
我们   加油   吧!

我们 wǒmen 대 우리 加油 jiāyóu 동 힘을 내다

꽥꽥이

🐻 기초문장 착!착!착!

🔊 '~xiě(写) + 명사(~는 명사를 쓰다)' 공식을 사용한 기초 문장을 착!착!착! 익혀보아요. 부정할 때는 bù(不)를, 물을 때는 ma?(吗?)를 넣으면 돼요.

긍정하기

~xiě + 명
写
~는 명을 쓰다

우어 시에 빠오까오
Wǒ xiě bàogào.
我 写 报告。
나는 쓰다 보고서를

나는 보고서를 써.

부정하기

~bù xiě + 명
不 写
~는 명을 쓰지 않는다

우어 뿌우 시에 빠오까오
Wǒ bù xiě bàogào.
我 不 写 报告。
나는 아니 쓰다 보고서를

나는 보고서를 안 써.

吗로 묻기

~xiě + 명 ma?
写 吗
~는 명을 쓰니?

니이 시에 빠오까오 마
Nǐ xiě bàogào ma?
你 写 报告 吗？
너는 쓰다 보고서를 ~니?

너는 보고서를 써?

정반의문문으로 묻기

~xiě bu xiě + 명?
写 不 写
~는 명을 쓰니 안 쓰니?

니이 시에 부 시에 빠오까오
Nǐ xiě bu xiě bàogào?
你 写 不 写 报告？
너는 쓰다 안 쓰다 보고서를

너는 보고서를 써 안 써?

의문사로 묻기

~xiě + shénme?
写 什么
~는 무엇을 쓰니?

니이 시에 슝언머
Nǐ xiě shénme?
你 写 什么？
너는 쓰다 무엇을

너는 무엇을 써?

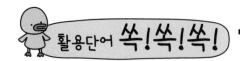

활용단어 쏙! 쏙! 쏙!

◀) '~xiě(写) + 명사(~는 명사를 쓰다)'에 쓸 것을 나타내는 명사를
쏙! 쏙! 쏙! 넣어서 말해보세요.

활용단어

하안쯔	름찌이	지엔리이	루언우언
Hànzì	**rìjì**	**jiǎnlì**	**lùnwén**
汉字	日记	简历	论文
한자	일기	이력서	논문

긍정하기

Wǒ 我	xiě 写	Hànzì 汉字。	나는 한자를 써.
Wǒ 我	xiě 写	rìjì 日记。	나는 일기를 써.
Wǒ 我	xiě 写	jiǎnlì 简历。	나는 이력서를 써.
Wǒ 我	xiě 写	lùnwén 论文。	나는 논문을 써.

부정하기

Wǒ 我	bù 不	xiě 写	Hànzì 汉字。	나는 한자를 안 써.
Wǒ 我	bù 不	xiě 写	rìjì 日记。	나는 일기를 안 써.
Wǒ 我	bù 不	xiě 写	jiǎnlì 简历。	나는 이력서를 안 써.
Wǒ 我	bù 不	xiě 写	lùnwén 论文。	나는 논문을 안 써.

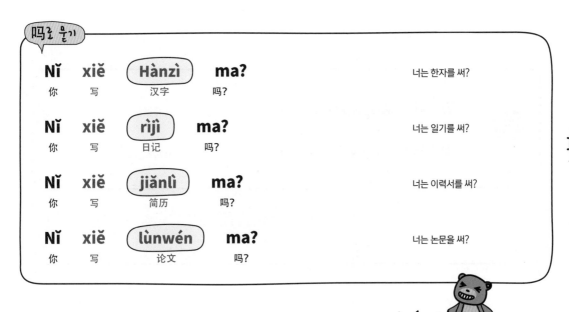

吗로 묻기

| Nǐ | xiě | Hànzì | ma? | 너는 한자를 써? |
| 你 | 写 | 汉字 | 吗? | |

| Nǐ | xiě | rìjì | ma? | 너는 일기를 써? |
| 你 | 写 | 日记 | 吗? | |

| Nǐ | xiě | jiǎnlì | ma? | 너는 이력서를 써? |
| 你 | 写 | 简历 | 吗? | |

| Nǐ | xiě | lùnwén | ma? | 너는 논문을 써? |
| 你 | 写 | 论文 | 吗? | |

정반의문문으로 묻기

| Nǐ | xiě | bu | xiě | Hànzì? | 너는 한자를 써 안 써? |
| 你 | 写 | 不 | 写 | 汉字? | |

| Nǐ | xiě | bu | xiě | rìjì? | 너는 일기를 써 안 써? |
| 你 | 写 | 不 | 写 | 日记? | |

| Nǐ | xiě | bu | xiě | jiǎnlì? | 너는 이력서를 써 안 써? |
| 你 | 写 | 不 | 写 | 简历? | |

| Nǐ | xiě | bu | xiě | lùnwén? | 너는 논문을 써 안 써? |
| 你 | 写 | 不 | 写 | 论文? | |

★ 부록 〈활용단어 더 익혀보기〉 p.228에서 더 많은 활용단어를 공식에 쏙! 넣고 입에 착! 붙여 보아요.

🔊 아래 병음으로 된 회화를 발음에 주의하여 큰 소리로 따라 읽고 뜻을 떠올려 봅니다. 이어 오른쪽에서 우리말만 보며 중국어로 말해보고, 중국어 한자만 보며 큰 소리로 읽어봅니다.

1

A Wǒ xiě bàogào ne.　　　我写报告呢。

B Shì ma? Wǒ xiě jiǎnlì ne.　　是吗? 我写简历呢。

2

A Yéye xiě Hànzì.　　　爷爷写汉字。

B Wā, tā xiě shénme zì?　　哇, 他写什么字?

爷爷 yéye 명 할아버지　字 zì 명 글자

3

A Nǐ xiě shénme?　　　你写什么?

B Wǒ měi tiān xiě rìjì ne.　　我每天写日记呢。

A Wā, nǐ xiě rìjì, hěn lìhai!　　哇, 你写日记, 很厉害!

每天 měi tiān 부 매일　呢 ne 조 강조의 뉘앙스를 나타냄　厉害 lìhai 형 대단하다

A 나는 보고서 쓴다.　　　我写报告呢。

B 그래? 나는 이력서 쓰는데.　　是吗? 我写简历呢。

A 할아버지는 한자를 쓰셔.　　爷爷写汉字。

B 와, 그는 무슨 글자를 쓰셔?　哇, 他写什么字?

A 너는 무엇을 쓰니?　　　　你写什么?

B 나는 매일 일기를 써.　　　我每天写日记呢。

A 와, 너 일기 쓰는구나, 대단하다!　哇, 你写日记, 很厉害!

DAY 18

"그녀들은 주방에 있어."

[~zài + 명사 ~는 명사에 있다]
在

"그녀들은 거실에 있어", "그들은 회의실에 있어"와 같은 말처럼, 일상에서 어떠한 장소에 있다는 말을 하는 경우가 자주 있지 않나요? 중국어에서는 동사 zài(在, ~에 있다) 다음에 장소를 나타내는 명사만 붙이면 이러한 말을 쉽게 할 수 있답니다.

꽉꽉이와 곰곰이가 얘기하는 그녀들은 지금 어디에 있을까요?

🎧 들으면서
따라 말하기

🔊 둘의 대화를 먼저 들어본 후 큰 소리로 세 번 따라 읽어보아요.

곰곰이

타아먼　　짜이　　츙우㉠양
Tāmen zài chúfáng. 그녀들은 주방에 있어.
她们　　在　　　厨房。

她们 tāmen 때 그녀들　厨房 chúfáng 명 주방

타아먼　　쭈어　　승언머　　너
Tāmen zuò shénme ne? 그녀들은 뭐한다니?
她们　　做　　什么　　呢?

做 zuò 동 하다

꽉꽉이

타아먼　　츙　　㉠앙삐엔미엔
Tāmen chī fāngbiànmiàn. 그녀들은 라면 먹어.
她们　　吃　　方便面。

吃 chī 동 먹다　方便面 fāngbiànmiàn 명 라면

곰곰이

 기초문장 착!착!착!

🔊 '~zài(在) + 명사(~는 명사에 있다)' 공식을 사용한 기초 문장을 착!착!착! 익혀보아요. 부정할 때는 bù(不)를, 물을 때는
ma?(吗?)를 넣으면 돼요.

긍정하기

~zài + 명		
在		
~는 명에 있다		

타아먼	짜이	츄우(f)아앙
Tāmen	**zài**	**chúfáng.**
她们	在	厨房。
그녀들은	~에 있다	주방

그녀들은 주방에 있어.

부정하기

~bú zài + 명		
不 在		
~는 명에 없다		

타아먼	부우	짜이	츄우(f)아앙
Tāmen	**bú**	**zài**	**chúfáng.**
她们	不	在	厨房。
그녀들은	아니	~에 있다	주방

그녀들은 주방에 없어.

> bù(不)는 뒤에 4성이 오면
> 2성으로 발음해요.

吗로 묻기

~zài + 명 ma?		
在 吗		
~는 명에 있니?		

타아먼	짜이	츄우(f)아앙	마
Tāmen	**zài**	**chúfáng**	**ma?**
她们	在	厨房	吗?
그녀들은	~에 있다	주방	~니?

그녀들은 주방에 있어?

정반의문문으로 묻기

~zài bu zài + 명?		
在 不 在		
~는 명에 있니 없니?		

타아먼	짜이	부	짜이	츄우(f)아앙
Tāmen	**zài**	**bu**	**zài**	**chúfáng?**
她们	在	不	在	厨房?
그녀들은	~에 있다	안	~에 있다	주방

그녀들은 주방에 있어 없어?

의문사로 묻기

~zài + nǎr?		
在 哪儿		
~는 어디에 있니?		

타아먼	짜이	나알
Tāmen	**zài**	**nǎr?**
她们	在	哪儿?
그녀들은	~에 있다	어디

그녀들은 어디에 있어?

활용단어 쏙!쏙!쏙!

'~zài(在) + **명사**(~는 명사에 있다)'에 장소를 나타내는 명사를 쏙!쏙!쏙! 넣어서 말해보세요.

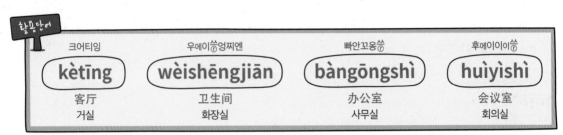

활용단어

크어티잉	우에이ⓡ씅엉찌엔	빠안꼬옹ⓡ씅	후에이이이ⓡ씅
kètīng	**wèishēngjiān**	**bàngōngshì**	**huìyìshì**
客厅	卫生间	办公室	会议室
거실	화장실	사무실	회의실

긍정하기

Tāmen zài kètīng. 그녀들은 거실에 있어.
她们 在 客厅。

Tāmen zài wèishēngjiān. 그녀들은 화장실에 있어.
她们 在 卫生间。

Tāmen zài bàngōngshì. 그녀들은 사무실에 있어.
她们 在 办公室。

Tāmen zài huìyìshì. 그녀들은 회의실에 있어.
她们 在 会议室。

부정하기

Tāmen bú zài kètīng. 그녀들은 거실에 없어.
她们 不 在 客厅。

Tāmen bú zài wèishēngjiān. 그녀들은 화장실에 없어.
她们 不 在 卫生间。

Tāmen bú zài bàngōngshì. 그녀들은 사무실에 없어.
她们 不 在 办公室。

Tāmen bú zài huìyìshì. 그녀들은 회의실에 없어.
她们 不 在 会议室。

吗로 묻기

Tāmen	zài	kètīng	ma?	그녀들은 거실에 있어?
她们	在	客厅	吗?	

Tāmen	zài	wèishēngjiān	ma?	그녀들은 화장실에 있어?
她们	在	卫生间	吗?	

Tāmen	zài	bàngōngshì	ma?	그녀들은 사무실에 있어?
她们	在	办公室	吗?	

Tāmen	zài	huìyìshì	ma?	그녀들은 회의실에 있어?
她们	在	会议室	吗?	

정반의문문으로 묻기

Tāmen	zài	bu	zài	kètīng?	그녀들은 거실에 있어 없어?
她们	在	不	在	客厅?	

Tāmen	zài	bu	zài	wèishēngjiān?	그녀들은 화장실에 있어 없어?
她们	在	不	在	卫生间?	

Tāmen	zài	bu	zài	bàngōngshì?	그녀들은 사무실에 있어 없어?
她们	在	不	在	办公室?	

Tāmen	zài	bu	zài	huìyìshì?	그녀들은 회의실에 있어 없어?
她们	在	不	在	会议室?	

★ 부록 〈활용단어 더 익혀보기〉 p.229에서 더 많은 활용단어를 공식에 쏙! 넣고 입에 착! 붙여 보아요.

🔊 아래 병음으로 된 회화를 발음에 주의하여 큰 소리로 따라 읽고 뜻을 떠올려 봅니다. 이어 오른쪽에서 우리말만 보며 중국어로 말해보고, 중국어 한자만 보며 큰 소리로 읽어봅니다.

1

A Tāmen zài chúfáng.   她们在厨房。

B Tāmen zuò shénme ne?   她们做什么呢?

2

A Tā bú zài huìyìshì.   他不在会议室。

B Tā gānggāng huíjiā ne.   他刚刚回家呢。

刚刚 gānggāng 囝 방금, 막   回家 huíjiā 동 집으로 돌아가다

3

A Lǎobǎn zài bàngōngshì ma?   老板在办公室吗?

B Bù, tā zài wèishēngjiān.   不, 他在卫生间。

A Hǎo de.   好的。

老板 lǎobǎn 명 사장   好的 hǎo de 알겠습니다, 네, 좋습니다

A 그녀들은 주방에 있어.   她们在厨房。

B 그녀들은 무엇을 해?   她们做什么呢?

A 그는 회의실에 없어.   他不在会议室。

B 그는 방금 집에 갔어.   他刚刚回家呢。

A 사장님 사무실에 계시나요?   老板在办公室吗?

B 아니요, 그는 화장실에 계세요.   不，他在卫生间。

A 알겠습니다.   好的。

DAY 19

"나는 유재석이라고 해."

[**~jiào + 명사** ~는 명사라고 부르다]
      叫

"나는 김지영이야", "그는 이성준이야"와 같은 말처럼, 일상에서 자신 또는 상대의 이름을 말하는 경우가 자주 있지 않나요? 중국어에서는 동사 jiào(叫, ~라고 부르다) 다음에 이름을 나타내는 명사만 붙이면 이러한 말을 쉽게 할 수 있답니다. jiào(叫)는 원래 '~라고 부르다'라는 의미이지만 이름을 말할 때는 '~이라고 해'라고 해석한다는 것을 알아두세요!

지금 꽥꽥이와 곰곰이가 처음 만나서 자신을 소개하고 있는데요, 그들의 이름이 놀랍습니다!

🎧 들으면서
따라 말하기

🔊 둘의 대화를 먼저 들어본 후 큰 소리로 세 번 따라 읽어보아요. 특히 3성이 2성이나 반 3성으로 바뀌는 것에 주의하세요.

꽥꽥이

> 니이   하오!   우어   찌아오   리어우   짜이슬
> **Nǐ hǎo! Wǒ jiào Liú Zàishí.**
> 你   好!   我   叫   刘   在石。
>
> 안녕! 나는 유재석
> 이라고 해.
>
> 刘在石 Liú Zàishí 유재석

> 니이   하오!   우어   찌아오   ⓕ안   삐잉삐잉
> **Nǐ hǎo! Wǒ jiào Fàn Bīngbīng.**
> 你   好!   我   叫   范   冰冰。
>
> 안녕! 나는 판빙빙
> 이라고 해.
>
> 范冰冰 Fàn Bīngbīng 판빙빙

곰곰이

꽥꽥이

> 릉언승   니이   흐언   까오씨잉
> **Rènshi nǐ hěn gāoxìng!**   만나서 반가워!
> 认识   你   很   高兴!
>
> 认识 rènshi 동 알다   很 hěn 부 매우   高兴 gāoxìng 형 기쁘다

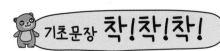 기초문장 착!착!착!

🔊 '~jiào(叫) + 명사(~는 명사라고 부르다)' 공식을 사용한 기초 문장을 착!착!착! 익혀보아요. 부정할 때는 bù(不)를, 물을 때는 ma?(吗?)를 넣으면 돼요.

긍정하기

~jiào + 명				
叫				
~는 명이라고 부르다				

우어	찌아오	리어우	짜이⒣	
Wǒ	**jiào**	**Liú**	**Zàishí.**	나는 유재석이라고 해.
我	叫	刘	在石。	
나는	~라고 부르다	유	재석	

부정하기

~bú jiào + 명				
不 叫				
~는 명이라고 부르지 않는다				

우어	부우	찌아오	리어우	짜이⒣	
Wǒ	**bú**	**jiào**	**Liú**	**Zàishí.**	나는 유재석이 아니야.
我	不	叫	刘	在石。	
나는	아니	~라고 부르다	유	재석	

 bù(不)는 뒤에 4성이 오면 2성으로 발음해요.

吗로 묻기

~jiào + 명 ma?				
叫 吗				
~는 명이라고 부르니?				

니이	찌아오	리어우	짜이⒣	마	
Nǐ	**jiào**	**Liú**	**Zàishí**	**ma?**	네 이름은 유재석이니?
你	叫	刘	在石	吗?	
너는	~라고 부르다	유	재석	~니?	

정반의문문으로 묻기

~shì bu shì jiào + 명?				
是 不 是 叫				
~는 명이라고 부르니 안 부르니?				

니이	쓸⒣	부	쓸⒣	찌아오	리어우	짜이⒣	
Nǐ	**shì**	**bu**	**shì**	**jiào**	**Liú**	**Zàishí?**	네 이름은 유재석이니 아니니?
你	是	不	是	叫	刘	在石?	
너는	~이다	아니	~이다	~라고 부르다	유	재석	

 동사 jiào(叫)는 '~를 부르다'라는 의미도 있어요. 그래서 Nǐ jiào bu jiào Liú Zàishí(你叫不叫刘在石)?'로 정반의문문을 만들면, '너는 유재석을 부르니 안 부르니?'라는 의미가 된답니다

의문사로 묻기

~jiào + shénme			
叫 什么			
míngzi?			
名字			
~는 이름을 뭐라고 부르니?			

니이	찌아오	승언머	미잉즈	
Nǐ	**jiào**	**shénme**	**míngzi?**	너는 이름이 뭐야?
你	叫	什么	名字?	
너는	~라고 부르다	무슨	이름	

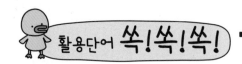

활용단어 쏙!쏙!쏙!

'~jiào(叫) + 명사(~는 명사라고 부르다)'에 여러 이름을 쏙!쏙!쏙! 넣어서 말해보세요.

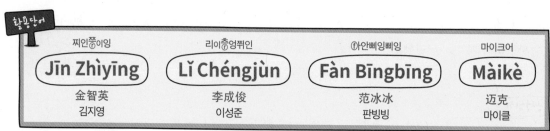

활용단어

찌인쯔ㅎ이잉	리이ㅊ엉쮜인	ⓕ아안삐잉삐잉	마이크어
Jīn Zhìyīng	**Lǐ Chéngjùn**	**Fàn Bīngbīng**	**Màikè**
金智英	李成俊	范冰冰	迈克
김지영	이성준	판빙빙	마이클

긍정하기

Wǒ 我	jiào 叫	Jīn Zhìyīng 金智英.	나는 김지영이라고 해.
Wǒ 我	jiào 叫	Lǐ Chéngjùn 李成俊.	나는 이성준이라고 해.
Wǒ 我	jiào 叫	Fàn Bīngbīng 范冰冰.	나는 판빙빙이라고 해.
Wǒ 我	jiào 叫	Màikè 迈克.	나는 마이클이라고 해.

부정하기

Wǒ 我	bú 不	jiào 叫	Jīn Zhìyīng 金智英.	나는 김지영이 아니야.
Wǒ 我	bú 不	jiào 叫	Lǐ Chéngjùn 李成俊.	나는 이성준이 아니야.
Wǒ 我	bú 不	jiào 叫	Fàn Bīngbīng 范冰冰.	나는 판빙빙이 아니야.
Wǒ 我	bú 不	jiào 叫	Màikè 迈克.	나는 마이클이 아니야.

Nǐ	jiào	Jīn Zhìyīng	ma?		너는 김지영이니?
你	叫	金智英	吗?		

Nǐ	jiào	Lǐ Chéngjùn	ma?		너는 이성준이니?
你	叫	李成俊	吗?		

Nǐ	jiào	Fàn Bīngbīng	ma?		너는 판빙빙이니?
你	叫	范冰冰	吗?		

Nǐ	jiào	Màikè	ma?		너는 마이클이니?
你	叫	迈克	吗?		

Nǐ	shì	bu	shì	jiào	Jīn Zhìyīng?	너는 김지영이니 아니니?
你	是	不	是	叫	金智英?	

Nǐ	shì	bu	shì	jiào	Lǐ Chéngjùn?	너는 이성준이니 아니니?
你	是	不	是	叫	李成俊?	

Nǐ	shì	bu	shì	jiào	Fàn Bīngbīng?	너는 판빙빙이니 아니니?
你	是	不	是	叫	范冰冰?	

Nǐ	shì	bu	shì	jiào	Màikè?	너는 마이클이니 아니니?
你	是	不	是	叫	迈克?	

★ 부록 〈활용단어 더 익혀보기〉 p.230에서 더 많은 활용단어를 공식에 쏙! 넣고 입에 착! 붙여 보아요.

🔊 아래 병음으로 된 회화를 발음에 주의하여 큰 소리로 따라 읽고 뜻을 떠올려 봅니다. 이어 오른쪽에서 우리말만 보며 중국어로 말해보고, 중국어 한자만 보며 큰 소리로 읽어봅니다.

1

A Wǒ jiào Liú Zàishí.   我叫刘在石。

B Wǒ jiào Fàn Bīngbīng.   我叫范冰冰。

2

A Nǐ jiào shénme míngzi?   你叫什么名字?

B Wǒ jiào Fàn Bīngbīng.   我叫范冰冰。

名字 míngzi 명 이름

3

A Nǐ jiào shénme míngzi?   你叫什么名字?

B Wǒ jiào Lǐ Chéngjùn.   我叫李成俊。

A Ā, huānyíng guānglín, qǐng jìn.   啊, 欢迎光临, 请进。

양념톡!톡! Huānyíng guānglín(欢迎光临)은 '어서오세요 (오신 것을 환영한다)' 라는 의미의 인사말이에요.

欢迎光临 huānyíng guānglín 어서오세요   请进 qǐng jìn 들어오세요.

A 나는 유재석이야.　　　　　我叫刘在石。

B 나는 판빙빙이야.　　　　　我叫范冰冰。

A 이름이 뭐죠?　　　　　你叫什么名字?

B 저는 판빙빙입니다.　　　　　我叫范冰冰。

A 이름이 어떻게 되시죠?　　　　　你叫什么名字?

B 저는 이성준입니다.　　　　　我叫李成俊。

A 아, 어서오세요, 들어오세요.　　　　　啊, 欢迎光临, 请进。

그때그때, 인사하고 삽시다^^

고마움을 표현할 때

🎤 **Xièxie.**
谢谢。

고마워. / 감사합니다.

🎤 **Máfan nín le.**
麻烦您了。

귀찮게 해서 죄송해요.

🎤 **Fēicháng gǎnxiè.**
非常感谢。

정말 감사합니다.

미안함을 표현할 때

> 중국인들은 미안함을 표현할 때 Bù hǎoyìsi(不好意思)를
> 가장 많이 써요. Duìbuqǐ(对不起)는 Bù hǎoyìsi(不好意思)
> 보다 더 미안해하는 감정이 담긴 뉘앙스를 풍겨요.

🎤 **Bù hǎoyìsi.**
不好意思。

죄송합니다.

🎤 **Duìbuqǐ.**
对不起。

실례합니다. / 미안해. / 미안해요.

괜찮다고 대답할 때

🎤 **Méi guānxi.**
没关系。

괜찮아. / 괜찮아요.

🎤 **Bú kèqi.**
不客气。

에이, 뭘.

🎤 **Bú xiè.**
不谢。

천만에요.

[~숫자표현(~는 숫자표현이다)]는 "춘절은 1월 1일이야", "나는 38살이야", "지금은 3시야"처럼
날짜, 요일, 나이 등 숫자 정보가 있는 말을 할 때 쓰는 공식이에요.
숫자가 포함된 명사나 명사구를 술어로 사용하기 때문에 회화 공식3을 명사술어문이라고 한답니다.

DAY20 "오늘은 <u>금요일</u>이야."

DAY21 "춘절은 <u>1월 1일</u>이야."

DAY22 "나는 <u>38살</u>이야."

DAY23 "이것은 <u>5000위안</u>이에요."

DAY24 "지금은 <u>3시</u>야."

DAY 20

"오늘은 금요일이야."

[~숫자표현 ~는 숫자표현이다]

"오늘은 금요일이야", "어제는 목요일이야"와 같은 말처럼, 일상에서 요일을 말하는 경우가 자주 있지 않나요? 중국어에서는 두 표현을 나란히 붙여서 말하기만 하면 돼요. 중국어 요일 표현에는 星期五 (금요일)처럼 숫자가 들어가므로 요일도 숫자표현이 돼요.

꽥꽥이와 곰곰이가 얘기를 나누고 있는 오늘은 무슨 요일일까요?

🎧 들으면서
따라 말하기

🔊 둘의 대화를 먼저 들어본 후 큰 소리로 세 번 따라 읽어보아요. 특히 3성이 2성이나 반 3성으로 바뀌는 것에 주의하세요.

찌인티엔　　　씨잉치우우
Jīntiān xīngqīwǔ. 오늘은 금요일이야.
今天　　　　星期五。

今天 jīntiān 몡 오늘　星期五 xīngqīwǔ 몡 금요일

꽥꽥이

뿌우　　찌인티엔　　씨잉치이쓰으
Bù, jīntiān xīngqīsì. 아니야, 오늘은 목요일이야.
不,　　今天　　　星期四。

星期四 xīngqīsì 몡 목요일

곰곰이

우어　이이우에이　찌인티엔　　씨잉치우우
Wǒ yǐwéi jīntiān xīngqīwǔ. 나는 오늘이 금요일
我　　以为　　今天　　　星期五。　　　　　　인 줄 알았어.

以为 yǐwéi 동 ~인 줄 알다, ~라고 생각하다

꽥꽥이

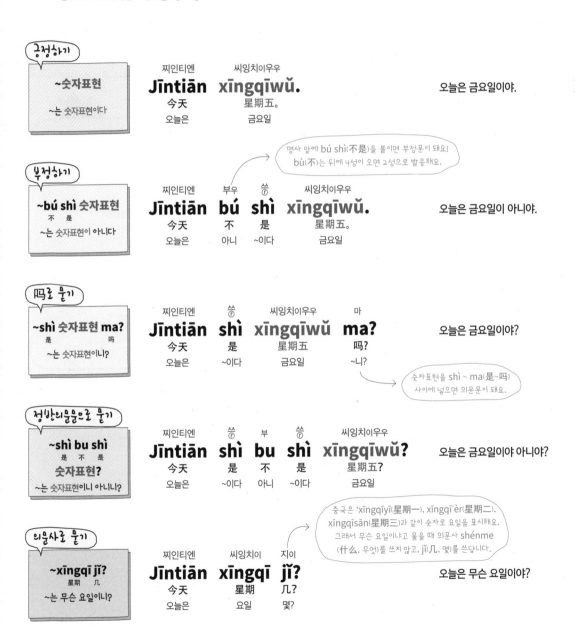

기초문장 착!착!착!

🔊 '~숫자표현(~는 숫자표현이다)' 공식을 사용한 기초 문장을 착!착!착! 익혀보아요. 부정할 때는 bú shì(不是)을, 물을 때는 shì~ma?(是~吗?)를 넣으면 돼요.

긍정하기

~숫자표현

~는 숫자표현이다

찌인티엔 씨잉치이우우
Jīntiān xīngqīwǔ.
今天 星期五。
오늘은 금요일

오늘은 금요일이야.

> 명사 앞에 bú shì(不是)을 붙이면 부정문이 돼요!
> bù(不)는 뒤에 4성이 오면 2성으로 발음해요.

부정하기

~bú shì 숫자표현
不 是
~는 숫자표현이 아니다

찌인티엔 부우 쓰 씨잉치이우우
Jīntiān bú shì xīngqīwǔ.
今天 不 是 星期五。
오늘은 아니 ~이다 금요일

오늘은 금요일이 아니야.

吗로 묻기

~shì 숫자표현 ma?
是 吗
~는 숫자표현이니?

찌인티엔 쓰 씨잉치이우우 마
Jīntiān shì xīngqīwǔ ma?
今天 是 星期五 吗?
오늘은 ~이다 금요일 ~니?

오늘은 금요일이야?

> 숫자표현을 shì ~ ma(是~吗)
> 사이에 넣으면 의문문이 돼요.

정반의문문으로 묻기

~shì bu shì
是 不 是
숫자표현?
~는 숫자표현이니 아니니?

찌인티엔 쓰 부 쓰 씨잉치이우우
Jīntiān shì bu shì xīngqīwǔ?
今天 是 不 是 星期五?
오늘은 ~이다 아니 ~이다 금요일

오늘은 금요일이야 아니야?

> 중국은 'xīngqīyī(星期一), xīngqī'èr(星期二),
> xīngqīsān(星期三)과 같이 숫자로 요일을 표시해요.
> 그래서 무슨 요일이냐고 물을 때 의문사 shénme
> (什么, 무엇)를 쓰지 않고, jǐ(几, 몇)를 쓴답니다.

의문사로 묻기

~xīngqī jǐ?
星期 几
~는 무슨 요일이니?

찌인티엔 씨잉치이 지이
Jīntiān xīngqī jǐ?
今天 星期 几?
오늘은 요일 몇?

오늘은 무슨 요일이야?

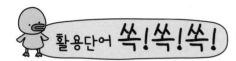

활용단어 **쏙!쏙!쏙!** ◀)) '~숫자표현(~는 숫자표현이다)'에 요일을 나타내는 표현을
쏙!쏙!쏙! 넣어서 말해보세요.

씨잉치이이이	씨잉치이으얼	씨잉치이싸안	씨잉치이리어우
xīngqīyī	**xīngqī'èr**	**xīngqīsān**	**xīngqīliù**
星期一	星期二	星期三	星期六
월요일	화요일	수요일	토요일

긍정하기

Jīntiān **xīngqīyī**.
今天 星期一。
오늘은 월요일이야.

Jīntiān **xīngqī'èr**.
今天 星期二。
오늘은 화요일이야.

Jīntiān **xīngqīsān**.
今天 星期三。
오늘은 수요일이야.

Jīntiān **xīngqīliù**.
今天 星期六。
오늘은 토요일이야.

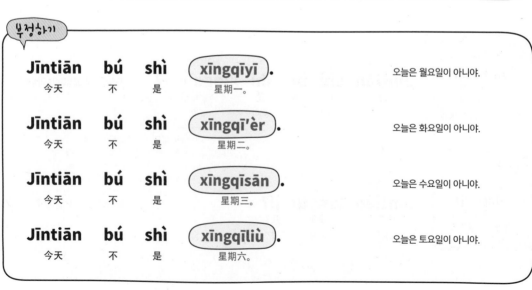

부정하기

Jīntiān **bú** **shì** **xīngqīyī**.
今天 不 是 星期一。
오늘은 월요일이 아니야.

Jīntiān **bú** **shì** **xīngqī'èr**.
今天 不 是 星期二。
오늘은 화요일이 아니야.

Jīntiān **bú** **shì** **xīngqīsān**.
今天 不 是 星期三。
오늘은 수요일이 아니야.

Jīntiān **bú** **shì** **xīngqīliù**.
今天 不 是 星期六。
오늘은 토요일이 아니야.

吗로 묻기

Jīntiān	shì	xīngqīyī	ma?	오늘은 월요일이야?
今天	是	星期一	吗?	

Jīntiān	shì	xīngqī'èr	ma?	오늘은 화요일이야?
今天	是	星期二	吗?	

Jīntiān	shì	xīngqīsān	ma?	오늘은 수요일이야?
今天	是	星期三	吗?	

Jīntiān	shì	xīngqīliù	ma?	오늘은 토요일이야?
今天	是	星期六	吗?	

정반의문문으로 묻기

Jīntiān	shì	bu	shì	xīngqīyī?	오늘은 월요일이야 아니야?
今天	是	不	是	星期一?	

Jīntiān	shì	bu	shì	xīngqī'èr?	오늘은 화요일이야 아니야?
今天	是	不	是	星期二?	

Jīntiān	shì	bu	shì	xīngqīsān?	오늘은 수요일이야 아니야?
今天	是	不	是	星期三?	

Jīntiān	shì	bu	shì	xīngqīliù?	오늘은 토요일이야 아니야?
今天	是	不	是	星期六?	

★ 부록 〈활용단어 더 익혀보기〉 p.231에서 더 많은 활용단어를 공식에 쏙! 넣고 입에 착! 붙여 보아요.

🔊 아래 병음으로 된 회화를 발음에 주의하여 큰 소리로 따라 읽고 뜻을 떠올려 봅니다. 이어 오른쪽에서 우리말만 보며 중국어로 말해보고, 중국어 한자만 보며 큰 소리로 읽어봅니다.

1

A Jīntiān xīngqīwǔ.　　　　　今天星期五。

B Bù, jīntiān xīngqīsì.　　　　不，今天星期四。

2

A Míngtiān xīngqī jǐ?　　　　　明天星期几?

B Míngtiān xīngqīyī!　　　　　明天星期一!

3

A Míngtiān xīngqī'èr.　　　　　明天星期二。

B Míngtiān cái xīngqī'èr ma?　明天才星期二吗?

A Èng, jiāyóu ba!　　　　　　　嗯，加油吧!

才 cái 🔲 겨우

A 오늘은 금요일이야.　　　　今天星期五。

B 아니야, 오늘은 목요일이야.　　不，今天星期四。

A 내일 무슨 요일이야?　　　　明天星期几?

B 내일은 월요일이지!　　　　明天星期一!

A 내일은 화요일이야.　　　　明天星期二。

B 내일 겨우 화요일이야?　　　明天才星期二吗?

A 응, 힘내자!　　　　　　　　嗯，加油吧!

DAY 21

"춘절은 1월 1일이야."

[**~숫자표현** ~는 숫자표현이다]

"중추절은 음력 8월 15일이야", "국경절은 10월 1일이야"와 같은 말처럼, 일상에서 기념일과 함께 월·일을 말하는 경우가 자주 있어요. 중국어에서는 기념일 표현 뒤에 날짜 표현만 붙이면 기념일이 며칠이라는 말을 쉽게 할 수 있답니다.

지금 꽥꽥이와 곰곰이는 어떤 기념일에 대해 얘기하고 있을까요?

🎧 들으면서
따라 말하기

🔊 둘의 대화를 먼저 들어본 후 큰 소리로 세 번 따라 읽어보아요.

곰곰이

춘우언지에　이이　위에　이이　하오
Chūnjié yī yuè yī hào. 춘절은 1월 1일이야.
春节 　一　月　一　号。

春节 chūnjié 명 춘절(설날) 　月 yuè 명 월 　号 hào 명 일

꽥꽥이

부우　쓰ⓗ　춘우언지에　이인리이　이이　위에　이이　하오
Bú shì, Chūnjié yīnlì yī yuè yī hào. 아니야, 춘절은 음력 1월 1일이야.
不 是, 　春节 　阴历 　一　月　一　号。

阴历 yīnlì 명 음력

곰곰이

오어,　쓰ⓗ　쯩어이양　아
Ò, shì zhèyàng a. 오, 그랬구나.
哦, 　是　这样 　啊。

是这样啊 shì zhèyàng a 그랬구나

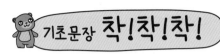

기초문장 착!착!착!

◀)) '~숫자표현(~는 숫자표현이다)' 공식을 사용한 기초 문장을 착!착!착! 익혀보아요. 부정할 때는 bú shì(不是)을, 물을 때는 shì~ma?(是~吗?)를 넣으면 돼요.

~숫자표현
~는 숫자표현이다

춘우언지에　이이　위에　이이　하오
Chūnjié yī yuè yī hào.
春节　一　月　一　号。
춘절은　1　월　1　일

춘절은 1월 1일이야.

~bú shì 숫자표현
不是
~는 숫자표현이 아니다

춘우언지에　부우　쓰　이이　위에　이이　하오
Chūnjié bú shì yī yuè yī hào.
春节　不　是　一　月　一　号。
춘절은　아니　~이다　1　월　1　일

춘절은 1월 1일이 아니야.

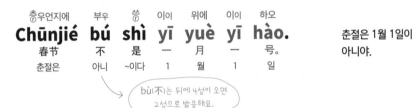
bù(不)는 뒤에 4성이 오면 2성으로 발음해요.

~shì 숫자표현 ma?
是　　吗
~는 숫자표현이니?

춘우언지에　쓰　이이　위에　이이　하오　마
Chūnjié shì yī yuè yī hào ma?
春节　是　一　月　一　号　吗?
춘절은　~이다　1　월　1　일　~니?

춘절은 1월 1일이야?

~shì bu shì
是　不　是
숫자표현?
~는 숫자표현이니 아니니?

춘우언지에　쓰　부　쓰　이이　위에　이이　하오
Chūnjié shì bu shì yī yuè yī hào?
春节　是　不　是　一　月　一　号?
춘절은　~이다　아니　~이다　1　월　1　일

춘절은 1월 1일이야 아니야?

~jǐ yuè jǐ hào?
几 月 几 号
~는 며칠이니?

춘우언지에　지이　위에　지이　하오
Chūnjié jǐ yuè jǐ hào?
春节　几　月　几　号?
춘절은　몇　월　몇　일

춘절은 몇 월 며칠이야?

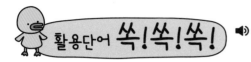

🔊 '~숫자표현(~는 숫자표현이다)'에 기념일과 날짜를 쏙!쏙!쏙! 넣어서 말해보세요.

활용단어

구어치잉지에
Guóqìngjié / ⟨ 승 위에 이이 하오
 shí yuè yī hào ⟩
国庆节
 국경절 (건국일)
十月一号
 10월 1일

꾸앙꾸언지에
Guānggùnjié / ⟨ 승이이 위에 승이이 하오
 shíyī yuè shíyī hào ⟩
光棍节
 광군절 (솔로의 날)
十一月十一号
 11월 11일

피잉아안이에
Píng'ānyè / ⟨ 승으얼 위에 으얼승쓰 하오
 shí'èr yuè èrshísì hào ⟩
平安夜
 크리스마스 이브
十二月二十四号
 12월 24일

긍정하기

Guóqìngjié ⟨ **shí yuè yī hào** ⟩.
 国庆节 　十月一号。
국경절(건국일)은 10월 1일이야.

Guānggùnjié ⟨ **shíyī yuè shíyī hào** ⟩.
 光棍节 　十一月十一号。
광군절(솔로의 날)은 11월 11일이야.

Píng'ānyè ⟨ **shí'èr yuè èrshísì hào** ⟩.
 平安夜 　十二月二十四号。
크리스마스 이브는 12월 24일이야.

Guóqìngjié bú shì shí yuè yī hào.
国庆节　　不　是　　十月一号。

국경절(건국일)은 10월 1일이 아니야.

Guānggùnjié bú shì shíyī yuè shíyī hào.
光棍节　　不　是　　十一月十一号。

광군절(솔로의 날)은 11월 11일 이 아니야.

Píng'ānyè bú shì shí'èr yuè èrshísì hào.
平安夜　　不　是　　十二月二十四号。

크리스마스 이브는 12월 24일이 아니야.

Guóqìngjié shì shí yuè yī hào **ma?**
国庆节　　是　　十月一号　　吗?

국경절(건국일)은 10월 1일이야?

Guānggùnjié shì shíyī yuè shíyī hào **ma?**
光棍节　　是　　十一月十一号　　吗?

광군절(솔로의 날)은 11월 11일 이야?

Píng'ānyè shì shí'èr yuè èrshísì hào **ma?**
平安夜　　是　　十二月二十四号　　吗?

크리스마스 이브는 12월 24일 이야?

Guóqìngjié shì bu shì shí yuè yī hào?
国庆节　　是　不　是　　十月一号?

국경절(건국일)은 10월 1일 이야 아니야?

Guānggùnjié shì bu shì shíyī yuè shíyī hào?
光棍节　　是　不　是　　十一月十一号?

광군절(솔로의 날)은 11월 11일 이야 아니야?

Píng'ānyè shì bu shì shí'èr yuè èrshísì hào?
平安夜　　是　不　是　　十二月二十四号?

크리스마스 이브는 12월 24일 이야 아니야?

★ 부록 〈활용단어 더 익혀보기〉 p.232에서 더 많은 활용단어를 공식에 쏙! 넣고 입에 착! 붙여 보아요.

🔊 아래 병음으로 된 회화를 발음에 주의하여 큰 소리로 따라 읽고 뜻을 떠올려 봅니다. 이어 오른쪽에서 우리말만 보며 중국어로 말해보고, 중국어 한자만 보며 큰 소리로 읽어봅니다.

1

A Chūnjié yī yuè yī hào.　　　春节一月一号。

B Bú shì, Chūnjié yīnlì yī yuè yī hào.　　不是，春节阴历一月一号。

2

A Guānggùnjié jǐ yuè jǐ hào?　　光棍节几月几号？

B Guānggùnjié shíyī yuè shíyī hào.　　光棍节十一月十一号。

3

A Míngtiān jǐ yuè jǐ hào?　　明天几月几号？

B Míngtiān bú shì shí'èr yuè èrshísì hào ma?　　明天不是十二月二十四号吗？

A Āyā, shì Píng'ānyè ne!　　啊呀，是平安夜呢！

明天 míngtiān 명 내일

A 춘절은 1월 1일이야.　　　　　春节一月一号。

B 아니야, 춘절은 음력 1월 1일이야.　不是，春节阴历一月一号。

A 광군절은 몇 월 며칠이야?　　　光棍节几月几号？

B 광군절은 11월 11일이야.　　　光棍节十一月十一号。

A 내일 몇 월 며칠이지?　　　　　明天几月几号？

B 내일은 12월 24일 아니야?　　　明天不是十二月二十四号吗？

A 어머, 크리스마스 이브잖아!　　啊呀，是平安夜呢！

DAY 22

"나는 38살이야."

[**~숫자표현** ~는 숫자표현이다]

"나는 5살이야", "그녀는 24살이야"와 같은 말처럼, 일상에서 나이를 말하는 경우가 자주 있어요. 중국어에서는 나이를 나타내는 숫자 뒤에 suì(岁)만 붙이면 이러한 말을 쉽게 할 수 있답니다.

그럼 꽥꽥이와 곰곰이는 몇 살인지 대화를 통해 알아볼까요?

🎧 들으면서
따라 말하기

🔊 둘의 대화를 먼저 들어본 후 큰 소리로 세 번 따라 읽어보아요. 특히 3성이 2성이나 반 3성으로 바뀌는 것에 주의하세요.

꽥꽥이

우어　　싸안승빠아　　쑤에이
Wǒ sānshíbā suì. 나는 38살이야.
我　三十八　岁。

岁 suì 양 살(나이를 세는 단위)

우어　이에　싸안승빠아　쑤에이
Wǒ yě sānshíbā suì. 나도 38살이야.
我 也 三十八 岁。

也 yě 부 ~도, 또한

곰곰이

꽥꽥이

니이　부우　쓰승　으얼승　쑤에이　마
Nǐ bú shì èrshí suì ma? 너 20살 아니었어?
你 不 是 二十 岁 吗?

기초문장 착!착!착!

'~숫자표현(~는 숫자표현이다)' 공식을 사용한 기초 문장을 착!착!착! 익혀보아요. 부정할 때는 bú shì(不是)를, 물을 때는 shì~ma?(是~吗?)를 넣으면 돼요.

긍정하기

~숫자표현	
~는 숫자표현이다	

우어   싸안ⓗ빠아   쑤에이
Wǒ sānshíbā suì.
我   三十八   岁。
나는   38   살

나는 38살이야.

부정하기

~bú shì 숫자표현
不 是
~는 숫자표현이 아니다

우어   부우   쓰ⓗ   싸안ⓗ빠아   쑤에이
Wǒ bú shì sānshíbā suì.
我   不   是   三十八   岁。
나는   아니   ~이다   38   살

나는 38살이 아니야.

> bù(不)는 뒤에 4성이 오면 2성으로 발음해요.

吗로 묻기

~shì 숫자표현 ma?
是 吗
~는 숫자표현이니?

니이   쓰ⓗ   싸안ⓗ빠아   쑤에이   마
Nǐ shì sānshíbā suì ma?
你   是   三十八   岁   吗?
너는   ~이다   38   살   ~니?

너는 38살이야?

정반의문문으로 묻기

~shì bu shì
是 不 是
숫자표현?
~는 숫자표현이니 아니니?

니이   쓰ⓗ   부   쓰ⓗ   싸안ⓗ빠아   쑤에이
Nǐ shì bu shì sānshíbā suì?
你   是   不   是   三十八   岁?
너는   ~이다   아니   ~이다   38   살

너는 38살이야 아니야?

의문사로 묻기

~jǐ suì? / duō dà?
几 岁 多 大
~는 몇 살이니?

> 중국에서는 상대방의 연령에 따라 나이를 물어보는 방법이 달라요. 10살 미만에게는 'Nǐ jǐ suì(你几岁)?'로, 그 이상의 사람한테는 'Nǐ duō dà (你多大)?'로 물어요.

니이   지이   쑤에이
Nǐ jǐ suì?
你   几   岁?
너는   몇   살

너는 몇 살이야?

니이   뚜어   따아
Nǐ duō dà?
你   多   大?
너는   얼마나   크다

너는 몇 살이야?

Day 22 "나는 38살이야."   155

🔊 '~숫자표현(~는 숫자표현이다)'에 나이를 쏙!쏙!쏙! 넣어서
말해보세요.

활용단어

우우 쑤에이	으얼슝쓰 쑤에이	싸안슝싸안 쑤에이	우우슝쓰으 쑤에이
wǔ suì	**èrshísì suì**	**sānshísān suì**	**wǔshísì suì**
五岁	二十四岁	三十三岁	五十四岁
5살	24살	33살	54살

긍정하기

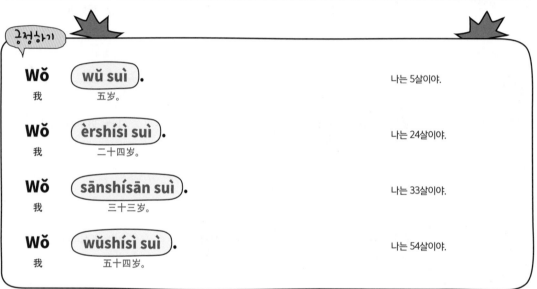

Wǒ 我	wǔ suì. 五岁。	나는 5살이야.
Wǒ 我	èrshísì suì. 二十四岁。	나는 24살이야.
Wǒ 我	sānshísān suì. 三十三岁。	나는 33살이야.
Wǒ 我	wǔshísì suì. 五十四岁。	나는 54살이야.

부정하기

Wǒ 我	bú 不	shì 是	wǔ suì. 五岁。	나는 5살이 아니야.
Wǒ 我	bú 不	shì 是	èrshísì suì. 二十四岁。	나는 24살이 아니야.
Wǒ 我	bú 不	shì 是	sānshísān suì. 三十三岁。	나는 33살이 아니야.
Wǒ 我	bú 不	shì 是	wǔshísì suì. 五十四岁。	나는 54살이 아니야.

吗로 묻기

Nǐ shì wǔ suì **ma?**
你 是 五岁 吗?
너는 5살이야?

Nǐ shì èrshísì suì **ma?**
你 是 二十四岁 吗?
너는 24살이야?

Nǐ shì sānshísān suì **ma?**
你 是 三十三岁 吗?
너는 33살이야?

Nǐ shì wǔshísì suì **ma?**
你 是 五十四岁 吗?
너는 54살이야?

정반의문문으로 묻기

Nǐ shì bu shì wǔ suì **?**
你 是 不 是 五岁?
너는 5살이야 아니야?

Nǐ shì bu shì èrshísì suì **?**
你 是 不 是 二十四岁?
너는 24살이야 아니야?

Nǐ shì bu shì sānshísān suì **?**
你 是 不 是 三十三岁?
너는 33살이야 아니야?

Nǐ shì bu shì wǔshísì suì **?**
你 是 不 是 五十四岁?
너는 54살이야 아니야?

★ 부록 〈활용단어 더 익혀보기〉 p.233에서 더 많은 활용단어를 공식에 쏙! 넣고 입에 착! 붙여 보아요.

1

A Wǒ sānshíbā suì. 我三十八岁。

B Wǒ yě sānshíbā suì. 我也三十八岁。

2

A Nǐ bàba duō dà niánjì? 你爸爸多大年纪?

B Jīnnián wǔshíqī suì. 今年五十七岁。

> 양념톡!톡! Duō dà niánjì(多大年纪)는 '연세가 어떻게 되세요'라는 의미로, 손윗사람의 나이를 물어 볼 때 쓰는 말이에요.

爸爸 bàba 몡 아빠 年纪 niánjì 몡 나이, 연세 今年 jīnnián 몡 올해

3

A Nǐ duō dà? 你多大?

B Wǒ èrshísì suì. 我二十四岁。

A Shì ma? Nà jiào nǐ jiějie ba. 是吗? 那叫你姐姐吧。

叫 jiào 동 ~라고 부르다 姐姐 jiějie 몡 언니, 누나 吧 ba 조 ~할게

A 나는 38살이야.   我三十八岁。

B 나도 38살이야.   我也三十八岁。

A 너희 아버지는 연세가 어떻게 되셔?   你爸爸多大年纪?

B 올해 57세셔.   今年五十七岁。

A 너 몇 살이야?   你多大?

B 나 24살이야.   我二十四岁。

A 그래? 그러면 널 언니라고 부를게.   是吗? 那叫你姐姐吧。

DAY 23

"이것은 5000위안이에요."

[**~숫자표현** ~는 숫자표현이다]

"이것은 5000위안이에요", "저것은 23위안이에요"와 같은 말처럼, 중국어에서는 숫자 뒤에 yuán(元) 과 같은 화폐 단위를 붙여 금액을 말한답니다. 중국 지폐에는 yuán(圓)이 적혀 있지만 글씨로 쓸 때에는 yuán(元)을, 말할 때에는 kuài(块)를 사용한다는 것도 알아두세요.

지금 꽥꽥이와 곰곰이는 금액과 관련된 어떤 대화를 나누고 있을까요?

🎧 들으면서 따라 말하기

🔊 둘의 대화를 먼저 들어본 후 큰 소리로 세 번 따라 읽어보아요.

곰곰이

쯔어거 우우치엔 쿠아이
Zhège wǔqiān kuài. 이것은 5000위안이에요.
这个 五千 块。

五 wǔ 주 5(오) 千 qiān 주 천 块 kuài 양 위안

쯔어거 부우 쓰 쓰으 치엔 쿠아이 마
Zhège bú shì sì qiān kuài ma? 이거 4000위안 아니에요?
这个 不 是 四千 块 吗?

四 sì 주 사

꽥꽥이

곰곰이

나아 쓰 주어티엔 더 찌아그어
Nà shì zuótiān de jiàgé. 그것은 어제의 가격이에요.
那 是 昨天 的 价格。

昨天 zuótiān 명 어제 的 de 조 ~의 价格 jiàgé 명 가격

기초문장 착!착!착!

🔊 '~숫자표현(~는 숫자표현이다)' 공식을 사용한 기초 문장을 착!착!착! 익혀보아요. 부정할 때는 bú shì(不是)을, 물을 때는 shì~ma?(是~吗?)를 넣으면 돼요.

공정하기

~숫자표현		
~는 숫자표현이다		

쯔어거 / 우우치엔 / 쿠아이
Zhège wǔqiān kuài.
这个　五千　块。
이것은　5000　위안

이것은 5000위안이에요.

> 화폐 단위 kuài(块)는 말할 때 생략할 수 있지만 한 자리수 금액을 말할 때 꼭 붙여서 말해야 한답니다.

부정하기

~bú shì 숫자표현		
不　是		
~는 숫자표현이 아니다		

쯔어거 / 부우 / 쓰 / 우우치엔 / 쿠아이
Zhège bú shì wǔqiān kuài.
这个　不　是　五千　块。
이것은　아니　~이다　5000　위안

이것은 5000위안이 아니에요.

> bù(不)는 뒤에 4성이 오면 2성으로 발음해요.

吗로 묻기

~shì 숫자표현 ma?		
是　吗		
~는 숫자표현이니?		

쯔어거 / 쓰 / 우우치엔 / 쿠아이 / 마
Zhège shì wǔqiān kuài ma?
这个　是　五千　块　吗?
이것은　~이다　5000　위안　~니?

이것은 5000위안이에요?

정반의문문으로 묻기

~shì bu shì		
是　不　是		
숫자표현?		
~는 숫자표현이니 아니니?		

쯔어거 / 쓰 / 부 / 쓰 / 우우치엔 / 쿠아이
Zhège shì bu shì wǔqiān kuài?
这个　是　不　是　五千　块?
이것은　~이다　아니　~이다　5000　위안

이것은 5000위안이에요
아니에요?

의문사로 묻기

~duōshao qián?		
多少　钱		
~는 얼마이니?		

쯔어거 / 뚜어сhao / 치엔
Zhège duōshao qián?
这个　多少　钱?
이것은　얼마　돈

이것은 얼마예요?

 활용단어 쏙!쏙!쏙! 🔊 '~숫자표현(~는 숫자표현이다)'에 금액을 쏙!쏙!쏙! 넣어서 말해 보세요.

쓰으 슝 싸안 쿠아이 치이 마오 빠아 ⓛ언

sìshísān kuài qī máo bā fēn

四十三块七毛八分
43.78위안

중국은 금액을 표현할 때 소수점을 써요. 소수점 앞은 kuài(块)로 말하고,
소수점 다음 첫 번째 자리는 máo(毛)로, 두 번째 자리는 fēn(分)으로 말하면 돼요.

우우 바이 싸안 슝 쿠아이

wǔbǎi sān(shí) (kuài)

五百三(十)(块)
530위안

0으로 끝나는 수는 마지막 숫자 단위를 생략하여 말할 수 있어요.

리앙 치엔 리잉 지어우슝 지어우 쿠아이

liǎngqiān líng jiǔshíjiǔ kuài

两千零九十九块
2099위안

0이 중간에 나오면 반드시 líng(零)으로 말해요.
금액에 들어가는 2는 liǎng(两)이라고 말해요. 단, 20块는 항상 èrshí kuài로 발음해요.

 긍정하기

Zhège
这个
(**sìshísān kuài qī máo bā fēn**).
四十三块七毛八分。
이것은 43.78위안이에요.

Zhège
这个
(**wǔbǎi sān(shí) (kuài)**).
五百三(十)(块)。
이것은 530위안이에요.

Zhège
这个
(**liǎngqiān líng jiǔshíjiǔ kuài**).
两千零九十九块。
이것은 2099위안이에요.

부정하기

Zhège bú shì 这个 不 是 | **sìshísān kuài qī máo bā fēn** 四十三块七毛八分。 | 이것은 43.78위안이 아니에요.

Zhège bú shì 这个 不 是 | **wǔbǎi sān(shí) (kuài)** 五百三(十)(块)。 | 이것은 530위안이 아니에요.

Zhège bú shì 这个 不 是 | **liǎngqiān líng jiǔshíjiǔ kuài** 两千零九十九块。 | 이것은 2099위안이 아니에요.

吗로 묻기

Zhège shì 这个 是 | **sìshísān kuài qī máo bā fēn** 四十三块七毛八分 | **ma?** 吗? | 이것은 43.78위안이에요?

Zhège shì 这个 是 | **wǔbǎi sān(shí) (kuài)** 五百三(十)(块) | **ma?** 吗? | 이것은 530위안이에요?

Zhège shì 这个 是 | **liǎngqiān líng jiǔshíjiǔ kuài** 两千零九十九块 | **ma?** 吗? | 이것은 2099위안이에요?

정반의문문으로 묻기

Zhège shìbushì 这个 是不是 | **sìshísān kuài qī máo bā fēn** 四十三块七毛八分? | 이것은 43.78위안이에요 아니에요?

Zhège shìbushì 这个 是不是 | **wǔbǎi sān(shí) (kuài)** 五百三(十)(块)? | 이것은 530위안이에요 아니에요?

Zhège shìbushì 这个 是不是 | **liǎngqiān líng jiǔshíjiǔ kuài** 两千零九十九块? | 이것은 2099위안이에요 아니에요?

★ 부록 〈활용단어 더 익혀보기〉 p.234에서 더 많은 활용단어를 공식에 쏙! 넣고 입에 착! 붙여 보아요.

🔊 아래 병음으로 된 회화를 발음에 주의하여 큰 소리로 따라 읽고 뜻을 떠올려 봅니다. 이어 오른쪽에서 우리말만 보며 중국어로 말해보고, 중국어 한자만 보며 큰 소리로 읽어봅니다.

1

A Zhège wǔqiān kuài.   这个五千块。

B Zhège bú shì sìqiān kuài ma?   这个不是四千块吗?

2

A Zhège liǎngqiān líng jiǔshíjiǔ kuài ma?   这个两千零九十九 块吗?

B Wǒ lái kànkan.   我来看看。

양념톡!톡! 여기서 lái(来)는 다른 동사 앞에 쓰여서 동작을 적극적으로 시도해 본다는 것을 나타내요.

看 kàn 통 보다

3

A Nà shì duōshao qián?   那是多少钱?

B Nà shì wǔbǎi sān(shí) (kuài).   那是五百三(十)(块)。

A Tài guì le. Piányi diǎnr ba.   太贵了。便宜点儿吧。

양념톡!톡! Piányi diǎnr(便宜点儿)은 '좀 싸게 해주세요'라는 의미로 흥정할 때 자주 쓰는 말이에요. 꼭 알아두세요!

多少钱 duōshao qián 얼마예요?   太~了 tài~le 너무~하다   贵 guì 형 비싸다

A 이것은 5000위안이에요.　　这个五千块。

B 이거 4000위안 아니에요?　　这个不是四千块吗?

A 이거 2099위안이에요?　　这个两千零九十九块吗?

B 제가 한 번 볼게요.　　我来看看。

A 저건 얼마예요?　　那是多少钱?

B 저것은 530위안이에요.　　那是五百三(十)(块)。

A 너무 비싸요. 깎아주세요.　　太贵了。便宜点儿吧。

DAY 24

"지금은 3시야."

[**~숫자표현** ~는 숫자표현이다]

"지금은 6시 15분이야", "지금은 2시 반이야"와 같은 말처럼, 일상에서 현재의 시간을 말하는 경우가 자주 있지 않나요? 중국어에서는 시간을 나타내는 숫자 다음에 diǎn(点, 시), fēn(分, 분), bàn(半, 삼십 분), yí kè(一刻, 15분)만 붙이면 시간과 분을 쉽게 말할 수 있답니다.

그럼 꽥꽥이와 곰곰이가 얘기를 나누는 지금은 몇 시일까요?

🎧 들으면서
따라 말하기

🔊 둘의 대화를 먼저 들어본 후 큰 소리로 세 번 따라 읽어보아요. 특히 3성이 2성이나 반 3성으로 바뀌는 것에 주의하세요.

씨엔짜이　　싸안　　디엔
Xiànzài sān diǎn. 지금은 3시야.
现在　　三　　点。
现在 xiànzài 뗑 지금, 현재　三 sān 쉬 3(삼)　点 diǎn 양 시(시간의 단위)

꽥꽥이

씨엔짜이　부우　쓰ㆍ　리앙　디엔　　마
Xiànzài bú shì liǎng diǎn ma? 지금 2시 아니야?
现在　不　是　两　点　吗?
两 liǎng 쉬 둘, 두

곰곰이

부우　쓰ㆍ　니이　카안칸　　비아오
Bú shì. Nǐ kànkan biǎo. 아니야. 시계를 봐 봐.
不　是。你　看看　表。
看 kàn 동 보다　表 biǎo 뗑 시계

꽥꽥이

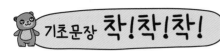

🔊 '~숫자표현(~는 숫자표현이다)' 공식을 사용한 기초 문장을 착!착!착! 익혀보아요. 부정할 때는 bú shì(不是)을, 물을 때는 shì~ma?(是~吗?)를 넣으면 돼요.

긍정하기

> **~숫자표현**
> ~는 숫자표현이다

<small>씨엔짜이　　싸안　디엔</small>
Xiànzài sān diǎn.
现在　　三　　点。
지금은　　3　　시

지금은 3시야.

부정하기

> **~bú shì 숫자표현**
> 　　不 是
> ~는 숫자표현이 아니다

<small>씨엔짜이　부우　쓰①　싸안　디엔</small>
Xiànzài bú shì sān diǎn.
现在　　不　　是　　三　　点。
지금은　아니　~이다　3　　시

> bù(不)는 뒤에 4성이 오면
> 2성으로 발음해요.

지금은 3시가 아니야.

吗로 묻기

> **~shì 숫자표현 ma?**
> 　　是　　　　吗
> ~는 숫자표현이니?

<small>씨엔짜이　쓰①　싸안　디엔　마</small>
Xiànzài shì sān diǎn ma?
现在　　是　　三　　点　　吗?
지금은　~이다　3　시　~니?

지금은 3시야?

정반의문문으로 묻기

> **~shì bu shì**
> 是 不 是
> **숫자표현?**
> ~는 숫자표현이니 아니니?

<small>씨엔짜이　쓰①　부　쓰①　싸안　디엔</small>
Xiànzài shì bu shì sān diǎn?
现在　　是　　不　　是　　三　　点?
지금은　~이다　아니　~이다　3　시

지금은 3시야 아니야?

의문사로 묻기

> **~jǐ diǎn?**
> 　几 点
> ~는 몇 시니?

<small>씨엔짜이　지이　디엔</small>
Xiànzài jǐ diǎn?
现在　　几　　点?
지금은　몇　　시

지금은 몇 시야?

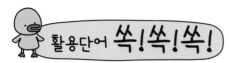

활용단어 쏙!쏙!쏙!

'~숫자표현(~는 숫자표현이다)'에 시간을 쏙!쏙!쏙! 넣어서 말해
보세요.

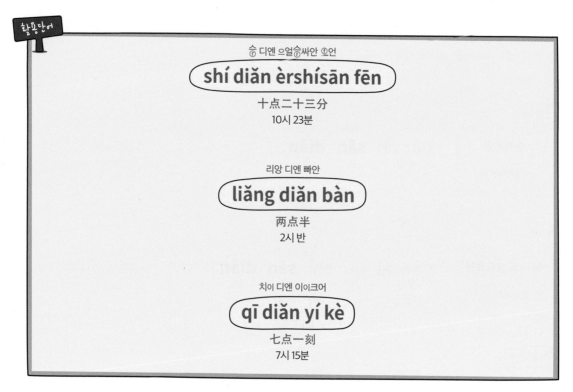

활용단어

⑤디엔 으얼ⓢⓢ싸안 ①언

shí diǎn èrshísān fēn

十点二十三分
10시 23분

리앙 디엔 빠안

liǎng diǎn bàn

两点半
2시 반

치이 디엔 이이크어

qī diǎn yí kè

七点一刻
7시 15분

긍정하기

Xiànzài 현재   **shí diǎn èrshísān fēn**.   지금은 10시 23분이야.
        十点二十三分。

Xiànzài 현재   **liǎng diǎn bàn**.   지금은 2시 반이야.
        两点半。

Xiànzài 현재   **qī diǎn yí kè**.   지금은 7시 15분이야.
        七点一刻。

부정하기

Xiànzài	**bú**	**shì**	shí diǎn èrshísān fēn .	지금은 10시 23분이 아니야.
现在	不	是	十点二十三分。	
Xiànzài	**bú**	**shì**	liǎng diǎn bàn .	지금은 2시 반이 아니야.
现在	不	是	两点半。	
Xiànzài	**bú**	**shì**	qī diǎn yí kè .	지금은 7시 15분이 아니야.
现在	不	是	七点一刻。	

吗로 묻기

Xiànzài	**shì**	shí diǎn èrshísān fēn	**ma?**	지금은 10시 23분이야?
现在	是	十点二十三分	吗?	
Xiànzài	**shì**	liǎng diǎn bàn	**ma?**	지금은 2시 반이야?
现在	是	两点半	吗?	
Xiànzài	**shì**	qī diǎn yí kè	**ma?**	지금은 7시 15분이야?
现在	是	七点一刻	吗?	

정반의문문으로 묻기

Xiànzài	**shì**	**bu**	**shì**	shí diǎn èrshísān fēn?	지금은 10시 23분이야 아니야?
现在	是	不	是	十点二十三分?	
Xiànzài	**shì**	**bu**	**shì**	liǎng diǎn bàn?	지금은 2시 반이야 아니야?
现在	是	不	是	两点半?	
Xiànzài	**shì**	**bu**	**shì**	qī diǎn yí kè?	지금은 7시 15분이야 아니야?
现在	是	不	是	七点一刻?	

★ 부록 〈활용단어 더 익혀보기〉 p.235에서 더 많은 활용단어를 공식에 쏙! 넣고 입에 착! 붙여 보아요.

🔊 아래 병음으로 된 회화를 발음에 주의하여 큰 소리로 따라 읽고 뜻을 떠올려 봅니다. 이어 오른쪽에서 우리말만 보며 중국어로 말해보고, 중국어 한자만 보며 큰 소리로 읽어봅니다.

1

A Xiànzài sān diǎn. 现在三点。

B Xiànzài bú shì liǎng diǎn ma? 现在不是两点吗?

2

A Xiànzài shì bu shì liù diǎn? 现在是不是六点?

B Duì, xiàbān ba! 对, 下班吧!

对 duì [형] 맞다 下班 xiàbān [동] 퇴근하다

3

A Xiànzài jǐ diǎn? 现在几点?

B Xiànzài qī diǎn yí kè. 现在七点一刻。

A Xièxie! 谢谢!

谢谢 xièxie [동] 고맙다

A 지금은 3시야.　　　　　　　　　　现在三点。

B 지금 2시 아니야?　　　　　　　　现在不是两点吗?

A 지금 6시 아니야?　　　　　　　　现在是不是六点?

B 맞아, 퇴근하자!　　　　　　　　　对, 下班吧!

A 지금 몇 시야?　　　　　　　　　　现在几点?

B 지금 7시 15분이야.　　　　　　　现在七点一刻。

A 고마워!　　　　　　　　　　　　谢谢!

그때그때, 인사하고 삽시다^^

처음 만났을 때

🎤 **Chū cì jiànmiàn.**
初次见面。

처음 뵙겠습니다.

🎤 **Rènshi nǐ hěn gāoxìng.**
认识你很高兴。

만나서 반갑습니다.

🎤 **Qǐng duōduō guānzhào.**
请多多关照。

잘 부탁합니다.

오랜만에 만났을 때

🎤 **Hǎojiǔ bújiàn.**
好久不见。

오랜만이다.

헤어질 때

🎤 **Xià cì jiàn.**
下次见。

다음에 봐.

🎤 **Zhōumò kuàilè!**
周末快乐!

주말 잘 보내!

🎤 **Bǎozhòng.**
保重。

몸 건강히 지내.

[~조동사+동사+명사(~는 명사를 동사 조동사하다)]는
어떤 동작에 바람(~하고 싶다), 의지(~하려 한다), 능력(~할 수 있다), 허가(~해도 된다) 등의
의도를 추가할 때 쓰는 공식이에요.
표현에 따라서 조동사 다음에 명사 없이 동사만 쓰기도 해요.

DAY25 "나는 이사를 갈 계획이야."

DAY26 "나는 제주도 가고 싶어."

DAY27 "나는 지금 퇴근 할 수 있어."

DAY28 "나는 수영할 줄 알아."

DAY29 "그는 운전해도 돼."

DAY30 "나는 마라탕 먹을 거야."

DAY 25

"나는 이사를 갈 계획이야."

[**~dǎsuan + 동사 + 명사** ~는 명사를 동사할 계획이다]
打算

"나는 직장을 그만 둘 계획이야", "그녀는 유학 갈 계획이야"와 같은 말처럼, 일상에서 계획을 하고 있다는 말을 하는 경우가 자주 있지 않나요? 중국어에서는 조동사 dǎsuan(打算, ~할 계획이다) 다음에 계획하는 일을 '동사+명사' 형태로 붙이면 이러한 말을 쉽게 할 수 있답니다. 표현에 따라 명사없이 동사만 쓰기도 해요.

지금 꽥꽥이와 곰곰이는 어떤 계획에 대해 얘기하고 있을까요?

🎧 들으면서 따라 말하기

🔊 둘의 대화를 먼저 들어본 후 큰 소리로 세 번 따라 읽어보아요.

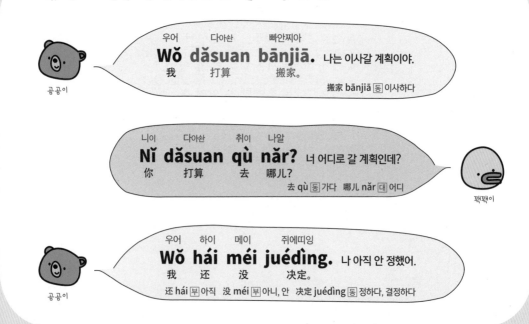

곰곰이
우어　다아솬　빠안찌아
Wǒ dǎsuan bānjiā. 나는 이사갈 계획이야.
我　　打算　　搬家。
搬家 bānjiā 동 이사하다

니이　다아솬　취이　나알
Nǐ dǎsuan qù nǎr? 너 어디로 갈 계획인데?
你　　打算　　去　哪儿?
去 qù 동 가다　哪儿 nǎr 대 어디
꽥꽥이

곰곰이
우어　하이　메이　쥐에띠잉
Wǒ hái méi juédìng. 나 아직 안 정했어.
我　还　没　　决定。
还 hái 부 아직　没 méi 부 아니, 안　决定 juédìng 동 정하다, 결정하다

 기초문장 착!착!착!

🔊 '~dǎsuan(打算) + 동사 + 명사(~는 명사를 동사할 계획이다)' 공식을 사용한 기초 문장을 착!착!착! 익혀보아요. 부정할 때는 bù(不)를, 물을 때는 ma?(吗?)를 넣으면 돼요.

긍정하기

| ~dǎsuan + 동 + 명 |
| 打算 |
| ~는 명을 동 할 계획이다 |

우어　　　　다아싼　　　　빠안찌아
Wǒ　dǎsuan　bānjiā.
我　　　打算　　　搬家。
나는　　~할 계획이다　이사하다

나는 이사를 갈 계획이야.

조동사 앞에 bù(不)를 붙이면 부정문이 돼요!

부정하기

| ~bù dǎsuan |
| 不　打算 |
| + 동 + 명? |
| ~는 명을 동 할 계획이 없다 |

우어　뿌우　　다아싼　　　　빠안찌아
Wǒ　bù　dǎsuan　bānjiā.
我　不　　打算　　　搬家。
나는　아니　~할 계획이다　이사하다

나는 이사를 갈 계획이 없어.

吗로 묻기

| ~dǎsuan + 동 + 명 |
| 打算 |
| ma? |
| 吗 |
| ~는 명을 동 할 계획이니? |

니이　　　다아싼　　　　빠안찌아　　마
Nǐ　dǎsuan　bānjiā　ma?
你　　打算　　　搬家　　吗?
너는　~할 계획이다　이사하다　~니?

너는 이사를 갈 계획이야?

문장 끝에 ma(吗)?를 넣으면 의문문이 돼요.

정반의문문으로 묻기

| ~dǎ bu dǎsuan |
| 打 不 打算 |
| + 동 + 명? |
| ~는 명을 동 할 계획이니 아니니? |

니이　다아　부　　다아싼　　　　빠안찌아
Nǐ　dǎ　bu　dǎsuan　bānjiā?
你　打　不　　打算　　　搬家?
너는　~할 계획이다　안　~할 계획이다　이사하다

너는 이사를 갈 계획이 있어 없어?

DAY 25 해커스 왕초보 중국어회화 10분의 기적 기초중국어 말하기

활용단어 쏙!쏙!쏙!

'~dǎsuan(打算) + 동사 + 명사(~는 명사를 동사할 계획이다)'에
조동사 dǎsuan(打算)과 자주 쓰이는 표현을 쏙!쏙!쏙! 넣어서 말해보세요.

활용단어

후에이찌아씨앙	지엔ⓕ에이	리어우쉬에	츠으즈ⓕ
huí jiāxiāng	**jiǎnféi**	**liúxué**	**cízhí**
回家乡	减肥	留学	辞职
고향으로 돌아가다	다이어트 하다	유학 가다	직장을 그만두다

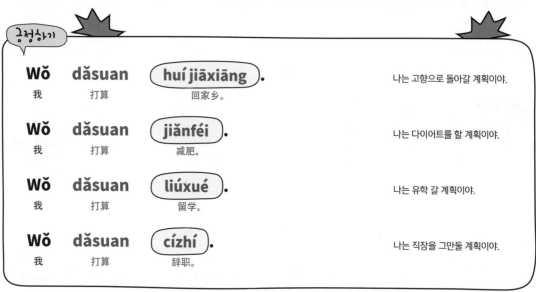

공정하기

Wǒ 我	dǎsuan 打算	huí jiāxiāng 回家乡。	나는 고향으로 돌아갈 계획이야.
Wǒ 我	dǎsuan 打算	jiǎnféi 减肥。	나는 다이어트를 할 계획이야.
Wǒ 我	dǎsuan 打算	liúxué 留学。	나는 유학 갈 계획이야.
Wǒ 我	dǎsuan 打算	cízhí 辞职。	나는 직장을 그만둘 계획이야.

부정하기

Wǒ 我	bù 不	dǎsuan 打算	huí jiāxiāng 回家乡。	나는 고향으로 돌아갈 계획이 없어.
Wǒ 我	bù 不	dǎsuan 打算	jiǎnféi 减肥。	나는 다이어트를 할 계획이 없어.
Wǒ 我	bù 不	dǎsuan 打算	liúxué 留学。	나는 유학 갈 계획이 없어.
Wǒ 我	bù 不	dǎsuan 打算	cízhí 辞职。	나는 직장을 그만둘 계획이 없어.

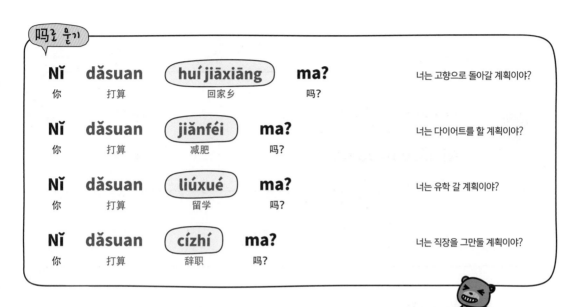

吗로 묻기

| Nǐ | dǎsuan | **huí jiāxiāng** | ma? | 너는 고향으로 돌아갈 계획이야? |
| 你 | 打算 | 回家乡 | 吗? | |

| Nǐ | dǎsuan | **jiǎnféi** | ma? | 너는 다이어트를 할 계획이야? |
| 你 | 打算 | 减肥 | 吗? | |

| Nǐ | dǎsuan | **liúxué** | ma? | 너는 유학 갈 계획이야? |
| 你 | 打算 | 留学 | 吗? | |

| Nǐ | dǎsuan | **cízhí** | ma? | 너는 직장을 그만둘 계획이야? |
| 你 | 打算 | 辞职 | 吗? | |

정반의문문으로 묻기

| Nǐ | dǎ | bu | dǎsuan | **huí jiāxiāng**? | 너는 고향으로 돌아갈 계획이 있어 없어? |
| 你 | 打 | 不 | 打算 | 回家乡? | |

| Nǐ | dǎ | bu | dǎsuan | **jiǎnféi**? | 너는 다이어트를 할 계획이 있어 없어? |
| 你 | 打 | 不 | 打算 | 减肥? | |

| Nǐ | dǎ | bu | dǎsuan | **liúxué**? | 너는 유학 갈 계획이 있어 없어? |
| 你 | 打 | 不 | 打算 | 留学? | |

| Nǐ | dǎ | bu | dǎsuan | **cízhí**? | 너는 직장을 그만둘 계획이 있어 없어? |
| 你 | 打 | 不 | 打算 | 辞职? | |

★ 부록 〈활용단어 더 익혀보기〉 p.236에서 더 많은 활용단어를 공식에 쏙! 넣고 입에 착! 붙여 보아요.

🔊 아래 병음으로 된 회화를 발음에 주의하여 큰 소리로 따라 읽고 뜻을 떠올려 봅니다. 이어 오른쪽에서 우리말만 보며 중국어로 말해보고, 중국어 한자만 보며 큰 소리로 읽어봅니다.

1

A Wǒ dǎsuan bānjiā.   我打算搬家。

B Nǐ dǎsuan qù nǎr?   你打算去哪儿?

2

A Wǒ dǎsuan jiǎnféi.   我打算减肥。

B Yòu jiǎnféi?   又减肥?

又 yòu 부 또

3

A Wǒ dǎsuan cízhí.   我打算辞职。

B Nà nǐ dǎsuan zuò shénme?   那你打算做什么?

A Wǒ dǎsuan liúxué.   我打算留学。

做 zuò 동 하다

| A | 나는 이사갈 계획이야. | 我打算搬家。 |
| B | 너 어디로 갈 계획인데? | 你打算去哪儿？ |

| A | 나 다이어트 할 계획이야. | 我打算减肥。 |
| B | 또 다이어트 해? | 又减肥？ |

A	나 직장을 그만둘 계획이야.	我打算辞职。
B	그럼 너 뭐 할 계획인데?	那你打算做什么？
A	유학 갈 계획이야.	我打算留学。

DAY 26

"나는 제주도 가고 싶어."

[~xiǎng + 동사 + 명사 ~는 명사를 동사하고 싶다]
        想

"나는 치킨을 먹고 싶어", "그녀는 술을 마시고 싶어 해"와 같은 말처럼, 일상에서 소망이나 바람을 말하는 경우가 자주 있지 않나요? 중국어에서는 조동사 xiǎng(想, ~하고 싶다) 다음에 하고 싶은 일을 '동사+명사' 형태로 붙이면 이러한 말을 쉽게 할 수 있답니다. 표현에 따라 명사없이 동사만 쓰기도 해요.

그럼 꽉꽉이와 곰곰이는 무엇을 하고 싶은지 대화를 통해 알아볼까요?

🎧 들으면서
따라 말하기

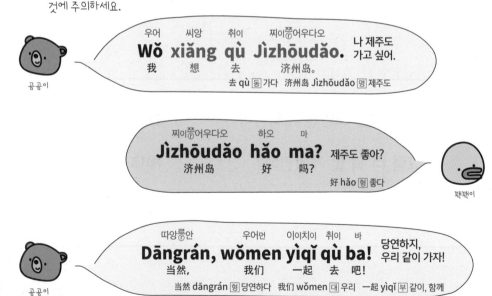

🔊 둘의 대화를 먼저 들어본 후 큰 소리로 세 번 따라 읽어보아요. 특히 3성이 2성이나 반 3성으로 바뀌는 것에 주의하세요.

곰곰이

우어 씨앙 취이 찌이쯤어우다오
Wǒ xiǎng qù Jìzhōudǎo.
我 想 去 济州岛。
去 qù 동 가다 济州岛 Jìzhōudǎo 명 제주도

나 제주도 가고 싶어.

찌이쯤어우다오 하오 마
Jìzhōudǎo hǎo ma?
济州岛 好 吗?
好 hǎo 형 좋다

제주도 좋아?

꽉꽉이

곰곰이

따앙르안 우어먼 이이치이 취이 바
Dāngrán, wǒmen yìqǐ qù ba!
当然, 我们 一起 去 吧!
当然 dāngrán 형 당연하다 我们 wǒmen 대 우리 一起 yìqǐ 부 같이, 함께

당연하지, 우리 같이 가자!

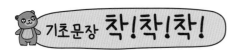
기초문장 착!착!착!

🔊 '~xiǎng(想) + 동사 + 명사(~는 명사를 동사하고 싶다)' 공식을 사용한 기초 문장을 착!착!착! 익혀보아요. 부정할 때는 bù(不)를, 물을 때는 ma?(吗?)를 넣으면 돼요.

긍정하기

~xiǎng + 동 + 명 想 ~는 명을 동하고 싶다			

우어	씨앙	취이	찌이쯩어우다오
Wǒ	**xiǎng**	**qù**	**Jìzhōudǎo.**
我	想	去	济州岛。
나는	~하고 싶다	가다	제주도에

나 제주도 가고 싶어.

부정하기

~bù xiǎng + 동 + 명 不 想 ~는 명을 동하고 싶지 않다				

우어	뿌우	씨앙	취이	찌이쯩어우다오
Wǒ	**bù**	**xiǎng**	**qù**	**Jìzhōudǎo.**
我	不	想	去	济州岛。
나는	아니	~하고 싶다	가다	제주도에

나는 제주도 안 가고 싶어.

吗로 묻기

~xiǎng + 동 + 명 想 ma? 吗 ~는 명을 동하고 싶니?				

니이	씨앙	취이	찌이쯩어우다오	마
Nǐ	**xiǎng**	**qù**	**Jìzhōudǎo**	**ma?**
你	想	去	济州岛	吗?
너	~하고 싶다	가다	제주도에	~니?

너는 제주도 가고 싶어?

정반의문문으로 묻기

~xiǎng bu xiǎng 想 不 想 + 동 + 명? ~는 명을 동하고 싶니 안 하고 싶니?					

니이	씨앙	부	씨앙	취이	찌이쯩어우다오
Nǐ	**xiǎng**	**bu**	**xiǎng**	**qù**	**Jìzhōudǎo?**
你	想	不	想	去	济州岛?
너	~하고 싶다	안	~하고 싶다	가다	제주도에

너는 제주도 가고 싶어 안 가고 싶어?

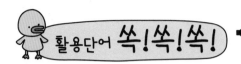 활용단어 쏙!쏙!쏙!

'~xiǎng(想) + 동사 + 명사(~는 명사를 동사하고 싶다)'에서 조동사 xiǎng(想)과 자주 쓰이는 표현을 쏙!쏙!쏙! 넣어서 말해보세요.

츠 즈아찌이
chī zhájī
吃炸鸡
치킨을 먹다

흐어 지어우
hē jiǔ
喝酒
술을 마시다

취이 뤼이어우
qù lǚyóu
去旅游
여행을 가다

타안 리엔아이
tán liàn'ài
谈恋爱
연애를 하다

긍정하기

Wǒ	xiǎng	chī zhájī.	나는 치킨 먹고 싶어.
我	想	吃炸鸡。	
Wǒ	xiǎng	hē jiǔ.	나는 술 마시고 싶어.
我	想	喝酒。	
Wǒ	xiǎng	qù lǚyóu.	나는 여행 가고 싶어.
我	想	去旅游。	
Wǒ	xiǎng	tán liàn'ài.	나는 연애 하고 싶어.
我	想	谈恋爱。	

부정하기

Wǒ	bù	xiǎng	chī zhájī.	나는 치킨 안 먹고 싶어.
我	不	想	吃炸鸡。	
Wǒ	bù	xiǎng	hē jiǔ.	나는 술 안 마시고 싶어.
我	不	想	喝酒。	
Wǒ	bù	xiǎng	qù lǚyóu.	나는 여행 안 가고 싶어.
我	不	想	去旅游。	
Wǒ	bù	xiǎng	tán liàn'ài.	나는 연애 안 하고 싶어.
我	不	想	谈恋爱。	

吗로 묻기

Nǐ	xiǎng	chī zhájī	ma?	너는 치킨 먹고 싶어?
你	想	吃炸鸡	吗?	

Nǐ	xiǎng	hē jiǔ	ma?	너는 술 마시고 싶어?
你	想	喝酒	吗?	

Nǐ	xiǎng	qù lǚyóu	ma?	너는 여행 가고 싶어?
你	想	去旅游	吗?	

Nǐ	xiǎng	tán liàn'ài	ma?	너는 연애 하고 싶어?
你	想	谈恋爱	吗?	

정반의문문으로 묻기

Nǐ	xiǎng	bu	xiǎng	chī zhájī ?	너는 치킨 먹고 싶어 안 먹고 싶어?
你	想	不	想	吃炸鸡?	

Nǐ	xiǎng	bu	xiǎng	hē jiǔ ?	너는 술 마시고 싶어 안 마시고 싶어?
你	想	不	想	喝酒?	

Nǐ	xiǎng	bu	xiǎng	qù lǚyóu ?	너는 여행 가고 싶어 안 가고 싶어?
你	想	不	想	去旅游?	

Nǐ	xiǎng	bu	xiǎng	tán liàn'ài ?	너는 연애 하고 싶어 안 하고 싶어?
你	想	不	想	谈恋爱?	

★ 부록 〈활용단어 더 익혀보기〉 p.237에서 더 많은 활용단어를 공식에 쏙! 넣고 입에 착! 붙여 보아요.

🔊 아래 병음으로 된 회화를 발음에 주의하여 큰 소리로 따라 읽고 뜻을 떠올려 봅니다. 이어 오른쪽에서 우리말만 보며 중국어로 말해보고, 중국어 한자만 보며 큰 소리로 읽어봅니다.

1

A Wǒ xiǎng qù Jìzhōudǎo. 　　　　我想去济州岛。

B Jìzhōudǎo hǎo ma? 　　　　济州岛好吗?

2

A Wǒ xiǎng hē jiǔ. 　　　　我想喝酒。

B Wǒ yě shì! 　　　　我也是!

也 yě 분 ~도, 또한　是 shì 동 ~이다

3

A Āyā, wǒ hěn wúliáo. 　　　　啊呀，我很无聊。

B Nǐ xiǎng gàn shénme? 　　　　你想干什么?

A Wǒ xiǎng qù lǚyóu! 　　　　我想去旅游!

啊呀 āyā 아, 야(불만이나 난처함을 나타내는 감탄사)　无聊 wúliáo 형 심심하다　干 gàn 동 하다

A 나는 제주도 가고 싶어.　　　　　　　我想去济州岛。

B 제주도 좋아?　　　　　　　　　　　济州岛好吗?

A 나 술 마시고 싶어.　　　　　　　　我想喝酒。

B 나도!　　　　　　　　　　　　　　我也是!

A 아, 심심해.　　　　　　　　　　　啊呀，我很无聊。

B 너 뭐 하고 싶은데?　　　　　　　你想干什么?

A 나 여행 가고 싶어!　　　　　　　我想去旅游!

"나는 지금 퇴근할 수 있어."

[~néng + 동사 + 명사 ~는 명사를 동사 할 수 있다]
能

"나는 지금 퇴근 할 수 있어", "그녀는 노래를 부를 수 있어"와 같은 말처럼, 상황이 가능해서 할 수 있는 일이나, 타고나서 잘하는 것을 말하는 경우가 자주 있지 않나요? 중국어에서는 조동사 néng(能, ~할 수 있다) 다음에 할 수 있는 일을 '동사+명사' 형태로 붙이면 이러한 말을 쉽게 할 수 있답니다. 표현에 따라 명사없이 동사만 쓰기도 해요.

그럼 꽥꽥이와 곰곰이는 무엇을 할 수 있는지 대화를 통해 알아볼까요?

🎧 들으면서
따라 말하기

🔊 둘의 대화를 먼저 들어본 후 큰 소리로 세 번 따라 읽어보아요. 특히 3성이 2성이나 반 3성으로 바뀌는 것에 주의하세요.

우어　씨엔짜이　느엉　씨아빠안　　나는 지금 퇴근
Wǒ xiànzài néng xiàbān.　할 수 있어.
我　　現在　　能　　下班。

현재 꽥꽥이

現在 xiànzài 명 지금, 현재　下班 xiàbān 동 퇴근하다

이이치이　취이　바　우어　이에　느엉　씨아빠안　　같이 가자, 나도
Yìqǐ qù ba, wǒ yě néng xiàbān.　퇴근할 수 있어.
一起　去　吧，　我　也　能　　下班。

一起 yìqǐ 부 같이　去 qù 동 가다　也 yě 부 ~도

곰곰이

하오　나아　짜이　이이　러우　찌엔
Hǎo, nà zài yī lóu jiàn.　좋아, 그럼 1층에서 봐.
好，　那　在　一　楼　见。

꽥꽥이

好 hǎo 형 좋아　那 nà 접 그럼　在 zài 개 ~에서　楼 lóu 명 층　见 jiàn 동 보다

🐻 기초문장 착!착!착!

🔊 '~néng(能) + 동사 + 명사(~는 명사를 동사 할 수 있다)' 공식을 사용한 기초 문장을 착!착!착! 익혀보아요. 부정할 때는 bù(不)를, 물을 때는 ma?(吗?)를 넣으면 돼요.

긍정하기

~néng + 동 + 명
能
~는 명을 동할 수 있다

우어	씨엔짜이	느엉	씨아빠안
Wǒ	**xiànzài**	**néng**	**xiàbān.**
我	现在	能	下班。
나는	지금	~할 수 있다	퇴근하다

나는 지금 퇴근할 수 있어.

부정하기

~bù néng + 동 + 명
不　能
~는 명을 동할 수 없다

우어	씨엔짜이	뿌우	느엉	씨아빠안
Wǒ	**xiànzài**	**bù**	**néng**	**xiàbān.**
我	现在	不	能	下班。
나는	지금	아니	~할 수 있다	퇴근하다

나는 지금 퇴근할 수 없어.

吗로 묻기

~néng + 동 + 명 ma?
能　　　　吗
~는 명을 동할 수 있니?

니이	씨엔짜이	느엉	씨아빠안	마
Nǐ	**xiànzài**	**néng**	**xiàbān**	**ma?**
你	现在	能	下班	吗?
너는	지금	~할 수 있다	퇴근하다	~니?

너 지금 퇴근할 수 있어?

정반의문문으로 묻기

~néng bu néng
能 不 能
+ 동 + 명?
~는 명을 동할 수 있니 없니?

니이	씨엔짜이	느엉	부	느엉	씨아빠안
Nǐ	**xiànzài**	**néng**	**bu**	**néng**	**xiàbān?**
你	现在	能	不	能	下班?
너는	지금	~할 수 있다	안	~할 수 있다	퇴근하다

너 지금 퇴근할 수 있어 없어?

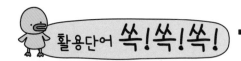

🔊 '~néng(能) + 동사 + 명사(~는 명사를 동사 할 수 있다)'에서 조동사 néng(能)과 자주 쓰이는 표현을 쏙!쏙!쏙! 넣어서 말해보세요.

활용단어

츄우츄아이	찌아빠안	츄 씨앙차이	츄앙끄어
chūchāi	**jiābān**	**chī xiāngcài**	**chàng gē**
出差	加班	吃香菜	唱歌
출장을 가다	야근을 하다	고수를 먹다	노래를 부르다

긍정하기

Wǒ 我	**néng** 能	**chūchāi**. 出差。	나는 출장을 갈 수 있어.
Wǒ 我	**néng** 能	**jiābān**. 加班。	나는 야근을 할 수 있어.
Wǒ 我	**néng** 能	**chī xiāngcài**. 吃香菜。	나는 고수를 먹을 수 있어.
Wǒ 我	**néng** 能	**chàng gē**. 唱歌。	나는 노래를 부를 수 있어. (나는 노래를 잘 해.)

부정하기

Wǒ 我	**bù** 不	**néng** 能	**chūchāi**. 出差。	나는 출장을 갈 수 없어.
Wǒ 我	**bù** 不	**néng** 能	**jiābān**. 加班。	나는 야근을 할 수 없어.
Wǒ 我	**bù** 不	**néng** 能	**chī xiāngcài**. 吃香菜。	나는 고수를 먹을 수 없어. (나는 고수를 못 먹어.)
Wǒ 我	**bù** 不	**néng** 能	**chàng gē**. 唱歌。	나는 노래를 부를 수 없어. (나는 노래를 못 해.)

吗로 묻기

Nǐ 你	néng 能	chūchāi 出差	ma? 吗?	너는 출장을 갈 수 있어?
Nǐ 你	néng 能	jiābān 加班	ma? 吗?	너는 야근을 할 수 있어?
Nǐ 你	néng 能	chī xiāngcài 吃香菜	ma? 吗?	너는 고수를 먹을 수 있어?
Nǐ 你	néng 能	chàng gē 唱歌	ma? 吗?	너는 노래를 부를 수 있어? (너는 노래를 잘 해?)

정반의문문으로 묻기

Nǐ 你	néng 能	bu 不	néng 能	chūchāi 出差?	너는 출장을 갈 수 있어 없어?
Nǐ 你	néng 能	bu 不	néng 能	jiābān 加班?	너는 야근을 할 수 있어 없어?
Nǐ 你	néng 能	bu 不	néng 能	chī xiāngcài 吃香菜?	너는 고수를 먹을 수 있어 없어?
Nǐ 你	néng 能	bu 不	néng 能	chàng gē 唱歌?	너는 노래를 부를 수 있어 없어? (너는 노래를 잘 해 못 해?)

★ 부록 〈활용단어 더 익혀보기〉 p.238에서 더 많은 활용단어를 공식에 쏙! 넣고 입에 착! 붙여 보아요.

🔊 아래 병음으로 된 회화를 발음에 주의하여 큰 소리로 따라 읽고 뜻을 떠올려 봅니다. 이어 오른쪽에서 우리말만 보며 중국어로 말해보고, 중국어 한자만 보며 큰 소리로 읽어봅니다.

1

A Wǒ xiànzài néng xiàbān.　　　　我现在能下班。

B Yìqǐ qù ba, wǒ yě néng xiàbān.　　一起去吧，我也能下班。

> **양념톡!톡!** Méi guānxi(没关系)는 '괜찮다, 문제 없다' 라는 의미로 상대방이 고맙다거나 미안하다고 말할 때 답으로 자주 쓰는 말이에요

2

A Wǒ jīntiān bù néng jiābān.　　　我今天不能加班。

B Méi guānxi, míngtiān zuò ba.　　没关系，明天做吧。

今天 jīntiān 몡 오늘　没关系 méi guānxi 괜찮다, 문제 없다　明天 míngtiān 몡 내일　做 zuò 동 하다

3

A Nǐ néng bu néng chī xiāngcài?　　你能不能吃香菜？

B Wǒ bù néng chī xiāngcài, nǐ ne?　我不能吃香菜，你呢？

A Wǒ fēicháng xǐhuan chī xiāngcài!　我非常喜欢吃香菜！

非常 fēicháng 분 정말, 매우　喜欢 xǐhuan 동 좋아하다

A 나는 지금 퇴근할 수 있어.　　我现在能下班。

B 같이 가자, 나도 퇴근할 수 있어.　一起去吧, 我也能下班。

A 저는 오늘 야근 할 수 없습니다.　我今天不能加班。

B 괜찮아요, 내일 해요.　　　　没关系, 明天做吧。

A 너 고수 먹을 수 있어 없어?　你能不能吃香菜?

B 나는 고수 못 먹어, 너는?　我不能吃香菜, 你呢?

A 나는 고수 정말 좋아해!　我非常喜欢吃香菜!

DAY 28

"나는 수영할 줄 알아."

[**~huì** + 동사 + 명사 ~는 명사를 동사 할 줄 알다]
会

"나는 스키를 탈 줄 알아", "그는 축구를 할 줄 알아"와 같은 말처럼, 배우고 익혀서 할 수 있게 된 것들에 대해 말하는 경우가 자주 있지 않나요? 중국어에서는 조동사 huì(会, ~할 줄 알다) 다음에 배우고 익혀 할 수 있게 된 능력을 '동사+명사' 형태로 붙이면 이러한 말을 쉽게 할 수 있답니다. 표현에 따라 명사없이 동사만 쓰기도 해요.

그럼 꽥꽥이와 곰곰이는 무엇을 할 줄 아는지 대화를 통해 알아볼까요?

🎧 들으면서
따라 말하기

🔊 둘의 대화를 먼저 들어본 후 큰 소리로 세 번 따라 읽어보아요. 특히 3성이 2성이나 반 3성으로 바뀌는 것에 주의하세요.

곰곰이

> 우어　후에이　이어우이옹
> **Wǒ huì yóuyǒng.** 나는 수영할 줄 알아.
> 我　会　　游泳。
> 游泳 yóuyǒng 통 수영하다

> 쯩언　빠앙　우어　부우　후에이　이어우이옹
> **Zhēn bàng! Wǒ bú huì yóuyǒng.** 대단하다! 나는 수영할 줄 몰라.
> 真　棒!　我　不　会　游泳。
> 真棒 zhēn bàng 대단하다, 멋지다

꽥꽥이

곰곰이

> 메이　꾸안시　우어　찌아오　니이　바
> **Méi guānxi, wǒ jiāo nǐ ba.** 괜찮아, 내가 너를 가르쳐 줄게.
> 没　关系,　我　教　你　吧。
> 没关系 méi guānxi 괜찮다　教 jiāo 통 가르치다

 기초문장 **착!착!착!**

🔊 '~hui(会) + 동사 + 명사(~는 명사를 동사 할 줄 알다)' 공식을 사용한 기초 문장을 착!착!착! 익혀보아요. 부정할 때는 bù(不)를, 물을 때는 ma?(吗?)를 넣으면 돼요.

	우어	후에이	이어우이옹	
긍정하기	**Wǒ**	**huì**	**yóuyǒng.**	나는 수영할 줄 알아.
~huì + 동 + 명 会 ~는 명을 동할 줄 알다	我 나는	会 ~할 줄 알다	游泳。 수영을	

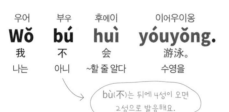

	우어	부우	후에이	이어우이옹	
부정하기	**Wǒ**	**bú**	**huì**	**yóuyǒng.**	나는 수영할 줄 몰라.
~bú huì + 동 + 명 不 会 ~는 명을 동할 줄 모른다	我 나는	不 아니	会 ~할 줄 알다	游泳。 수영을	

> bù(不)는 뒤에 4성이 오면 2성으로 발음해요.

	니이	후에이	이어우이옹	마	
吗로 묻기	**Nǐ**	**huì**	**yóuyǒng**	**ma?**	너는 수영할 줄 알아?
~huì + 동 + 명 ma? 会 吗 ~는 명을 동할 줄 아니?	你 너는	会 ~할 줄 알다	游泳 수영을	吗? ~니?	

	니이	후에이	부	후에이	이어우이옹	
정반의문문으로 묻기	**Nǐ**	**huì**	**bu**	**huì**	**yóuyǒng?**	너는 수영할 줄 알아 몰라?
~huì bu huì + 동 + 명? 能 不 能 ~는 명을 동할 줄 아니 모르니?	你 너는	会 ~할 줄 알다	不 안	会 ~할 줄 알다	游泳? 수영을	

활용단어 쏙!쏙!쏙!

'~huì(会) + 동사 + 명사(~는 명사를 동사 할 줄 알다)'에 조동사 huì(会)와 자주 쓰이는 표현을 쏙!쏙!쏙! 넣어서 말해보세요.

활용단어

티이 주우치어우	치이 쯔으시잉층어	타안 까앙치인	후아쉬에
tī zúqiú	**qí zìxíngchē**	**tán gāngqín**	**huáxuě**
踢足球	骑自行车	弹钢琴	滑雪
축구를 하다	자전거를 타다	피아노를 치다	스키를 타다

긍정하기

Wǒ	huì	tī zúqiú.	나는 축구 할 줄 알아.
我	会	踢足球。	

Wǒ	huì	qí zìxíngchē.	나는 자전거 탈 줄 알아.
我	会	骑自行车。	

Wǒ	huì	tán gāngqín.	나는 피아노 칠 줄 알아.
我	会	弹钢琴。	

Wǒ	huì	huáxuě.	나는 스키 탈 줄 알아.
我	会	滑雪。	

부정하기

Wǒ	bú	huì	tī zúqiú.	나는 축구 할 줄 몰라.
我	不	会	踢足球。	

Wǒ	bú	huì	qí zìxíngchē.	나는 자전거 탈 줄 몰라.
我	不	会	骑自行车。	

Wǒ	bú	huì	tán gāngqín.	나는 피아노 칠 줄 몰라.
我	不	会	弹钢琴。	

Wǒ	bú	huì	huáxuě.	나는 스키 탈 줄 몰라.
我	不	会	滑雪。	

吗로 묻기

Nǐ	huì	**tī zúqiú**	**ma?**	너는 축구 할 줄 알아?
你	会	踢足球	吗?	

Nǐ	huì	**qí zìxíngchē**	**ma?**	너는 자전거 탈 줄 알아?
你	会	骑自行车	吗?	

Nǐ	huì	**tán gāngqín**	**ma?**	너는 피아노 칠 줄 알아?
你	会	弹钢琴	吗?	

Nǐ	huì	**huáxuě**	**ma?**	너는 스키 탈 줄 알아?
你	会	滑雪	吗?	

정반의문문으로 묻기

Nǐ	huì	bu	huì	**tī zúqiú** ?	너는 축구 할 줄 알아 몰라?
你	会	不	会	踢足球?	

Nǐ	huì	bu	huì	**qí zìxíngchē** ?	너는 자전거 탈 줄 알아 몰라?
你	会	不	会	骑自行车?	

Nǐ	huì	bu	huì	**tán gāngqín** ?	너는 피아노 칠 줄 알아 몰라?
你	会	不	会	弹钢琴?	

Nǐ	huì	bu	huì	**huáxuě** ?	너는 스키 탈 줄 알아 몰라?
你	会	不	会	滑雪?	

★ 부록 〈활용단어 더 익혀보기〉 p.239에서 더 많은 활용단어를 공식에 쏙! 넣고 입에 착! 붙여 보아요.

🔊 아래 병음으로 된 회화를 발음에 주의하여 큰 소리로 따라 읽고 뜻을 떠올려 봅니다. 이어 오른쪽에서 우리말만 보며 중국어로 말해보고, 중국어 한자만 보며 큰 소리로 읽어봅니다.

1

A Wǒ huì yóuyǒng.

B Wǒ bú huì yóuyǒng.

我会游泳。

我不会游泳。

2

A Nǐ huì bu huì tán gāngqín?

B Wǒ dōu wàng le.

你会不会弹钢琴?

我都忘了。

都 dōu 뷔 다, 모두 忘 wàng 동 잊다

3

A Tā huì qí zìxíngchē.

B Tā jīnnián shì bu shì wǔ suì?

A Duì, shì bu shì hěn lìhai?

他会骑自行车。

他今年是不是五岁?

对，是不是很厉害?

今年 jīnnián 명 올해 岁 suì 양 살(나이를 세는 단위) 对 duì 형 맞다 很 hěn 뷔 매우 厉害 lìhai 형 대단하다

A 나는 수영할 줄 알아.　　　我会游泳。

B 나는 수영할 줄 몰라.　　　我不会游泳。

A 너 피아노 칠 줄 알아 몰라?　　你会不会弹钢琴?

B 다 까먹었어.　　　我都忘了。

A 그는 자전거 탈 줄 알아.　　　他会骑自行车。

B 그는 올해 다섯 살이야 아니야?　他今年是不是五岁?

A 맞아, 정말 대단하지 않아?　　对, 是不是很厉害?

DAY 29

"그는 운전해도 돼."

[~kěyǐ + 동사 + 명사 ~는 명사를 동사해도 된다]
可以

"그는 외출해도 돼", "너는 담배를 펴도 돼"와 같은 말처럼, 어떤 일을 허락하거나 허락을 구하는 말을 하는 경우가 자주 있지 않나요? 중국어에서는 조동사 kěyǐ(可以, ~해도 된다) 다음에 허락하려는 동작을 '동사+명사' 형태로 붙이면 허락하거나 허락을 구하는 말을 쉽게 할 수 있답니다. 표현에 따라 명사없이 동사만 쓰기도 해요.

지금 꽥꽥이와 곰곰이는 무엇을 해도 좋을지를 얘기하고 있을까요?

🎧 들으면서 따라 말하기

🔊 둘의 대화를 먼저 들어본 후 큰 소리로 세 번 따라 읽어보아요. 특히 3성이 2성이나 반 3성으로 바뀌는 것에 주의하세요.

꽥꽥이

타아 크어이이 카이층어
Tā kěyǐ kāichē. 그는 운전해도 돼.
他 可以 开车。
开车 kāichē 동 운전하다

타아 뿌우 느엉 카이층어
Tā bù néng kāichē. 그는 운전할 수 없어.
他 不 能 开车。
不能 bù néng ~할 수 없다

곰곰이

타아 메이이어우 찌아쯩아오
Tā méiyǒu jiàzhào! 그는 면허증이 없어!
他 没有 驾照!
没有 méiyǒu 동 없다   驾照 jiàzhào 명 운전 면허증

곰곰이

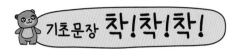
기초문장 착!착!착!

🔊 '~kěyǐ(可以) + 동사 + 명사(~는 명사를 동사해도 된다)' 공식을 사용한 기초 문장을 착!착!착! 익혀보아요. 부정할 때는
bù néng(不能)를, 물을 때는 ma?(吗?)를 넣으면 돼요.

긍정하기

| ~kěyǐ + 동 + 명 |
| 可以 |
| ~는 명을 동 해도 된다 |

타아　크어이이　카이츠어
Tā　kěyǐ　kāichē.
他　可以　开车。
그는　해도 된다　운전하다

그는 운전해도 돼.

DAY 29
해커스 왕초보 중국어회화 10분의 기적 기초중국어 말하기

부정하기

| ~bù néng + 동 + 명 |
| 不 能 |
| ~는 명을 동할 수 없다 |

타아　뿌우　느엉　카이츠어
Tā　bù　néng　kāichē.
他　不　能　开车。
그는　할 수 없다　운전하다

그는 운전할 수 없어.

> 허가를 나타내는 kěyǐ(可以)의
> 부정형은 bù néng(不能, 할 수 없다)이에요.
> bù kěyǐ(不可以)로 쓰면 '절대 안 된다'는 강한 금지의
> 의미를 드러내므로 구별해서 사용해야 해요.

吗로 물기

| ~kěyǐ + 동 + 명 ma? |
| 可以　吗 |
| ~는 명을 동 해도 되니? |

타아　크어이이　카이츠어　마
Tā　kěyǐ　kāichē　ma?
他　可以　开车　吗?
그는　해도 된다　운전하다　~니?

그는 운전해도 돼?

정반의문문으로 물기

| ~kě bu kěyǐ + 동 + 명? |
| 可 不 可以 |
| ~는 명을 동 해도 되니? |
| 안 되니? |

타아　크어　부　크어이이　카이츠어
Tā　kě　bu　kěyǐ　kāichē?
他　可　不　可以　开车?
그는 해도 된다　안　해도 된다　운전하다

그는 운전해도 돼 안 돼?

활용단어 쏙!쏙!쏙!

'~kěyǐ(可以) + 동사 + 명사(~는 명사를 동사해도 된다)'에 조동사 kěyǐ(可以)와 자주 쓰이는 표현을 쏙!쏙!쏙! 넣어서 말해보세요.

활용단어

츄우 므언	츄어우이엔	우알 이어우씨이	쓰 츄우안
chūmén	**chōu yān**	**wánr yóuxì**	**shì chuān**
出门	抽烟	玩儿游戏	试穿
외출하다	담배를 피다	게임하다	시착하다 (옷을 입어 보다)

긍정하기

Tā	kěyǐ	(chūmén) .	그는 외출해도 돼.
他	可以	出门。	

Tā	kěyǐ	(chōu yān) .	그는 담배 펴도 돼.
他	可以	抽烟。	

Tā	kěyǐ	(wánr yóuxì) .	그는 게임 해도 돼.
他	可以	玩儿游戏。	

Tā	kěyǐ	(shì chuān) .	그는 시착 해도 돼.
他	可以	试穿。	

부정하기

Tā	bù	néng	(chūmén) .	그는 외출할 수 없어.
他	不	能	出门。	

Tā	bù	néng	(chōu yān) .	그는 담배 필 수 없어.
他	不	能	抽烟。	

Tā	bù	néng	(wánr yóuxì) .	그는 게임 할 수 없어.
他	不	能	玩儿游戏。	

Tā	bù	néng	(shì chuān) .	그는 시착 할 수 없어.
他	不	能	试穿。	

吗로 묻기

Tā **kěyǐ** (**chūmén**) **ma?**
他　可以　　出门　　吗?
그는 외출해도 돼?

Tā **kěyǐ** (**chōu yān**) **ma?**
他　可以　　抽烟　　吗?
그는 담배 펴도 돼?

Tā **kěyǐ** (**wánr yóuxì**) **ma?**
他　可以　　玩儿游戏　　吗?
그는 게임 해도 돼?

Tā **kěyǐ** (**shì chuān**) **ma?**
他　可以　　试穿　　吗?
그는 시착 해도 돼?

정반의문문으로 묻기

Tā **kě** **bu** **kěyǐ** (**chūmén**) **?**
他　可　不　可以　　出门?
그는 외출해도 돼 안 돼?

Tā **kě** **bu** **kěyǐ** (**chōu yān**) **?**
他　可　不　可以　　抽烟?
그는 담배 펴도 돼 안 돼?

Tā **kě** **bu** **kěyǐ** (**wánr yóuxì**) **?**
他　可　不　可以　　玩儿游戏?
그는 게임 해도 돼 안 돼?

Tā **kě** **bu** **kěyǐ** (**shì chuān**) **?**
他　可　不　可以　　试穿?
그는 시착 해도 돼 안 돼?

★ 부록 〈활용단어 더 익혀보기〉 p.240에서 더 많은 활용단어를 공식에 쏙! 넣고 입에 착! 붙여 보아요.

1

A Tā kěyǐ kāichē.　　　　　他可以开车。

B Tā bù néng kāichē.　　　　他不能开车。

2

A Wǒ kěyǐ chūmén ma?　　　我可以出门吗?

B Hái bù kěyǐ.　　　　　　　还不可以。

还 hái 閉 아직

3

A Nǐ bù néng wánr yóuxì.　　你不能玩儿游戏。

B Wèi shénme?　　　　　　　为什么?

A Míngtiān nǐ yǒu kǎoshì.　　明天你有考试。

B Duì, wǒ míngtiān yǒu kǎoshì!　对, 我明天有考试!

为什么 wèi shénme 団 왜, 어째서　明天 míngtiān 몡 내일　有 yǒu 통 있다　考试 kǎoshì 몡 시험

A 그는 운전해도 돼. 　　　　　他可以开车。

B 그는 운전할 수 없어. 　　　　他不能开车。

A 저 외출해도 되나요? 　　　　我可以出门吗？

B 아직 안됩니다. 　　　　　　还不可以。

A 너는 게임 할 수 없어. 　　　你不能玩儿游戏。

B 왜? 　　　　　　　　　　　为什么？

A 내일 너 시험이 있잖아. 　　明天你有考试。

B 맞다, 나 내일 시험 있지! 　　对，我明天有考试！

DAY 30

"나는 마라탕 먹을 거야."

[~yào + 동사 + 명사 ~는 명사를 동사하려 하다]
要

"나는 버스로 갈아탈 거야", "나는 남자친구를 사귈 거야"와 같은 말처럼, 어떤 일을 하고자 하는 의지를 말하는 경우가 자주 있지 않나요? 중국어에서는 조동사 yào(要, ~하려 하다) 다음에 앞으로 하려고 하는 행동을 '동사+명사' 형태로 붙이면 이러한 말을 쉽게 할 수 있답니다. 표현에 따라 명사없이 동사만 쓰기도 해요.

그럼 꽉꽉이와 곰곰이는 무엇을 하려고 하는지 대화를 통해 알아볼까요?

🎧 들으면서 따라 말하기

🔊 둘의 대화를 먼저 들어본 후 큰 소리로 세 번 따라 읽어보아요. 특히 3성이 2성이나 반 3성으로 바뀌는 것에 주의하세요.

공공이

우어　이아오　츙　　마아라아타앙
Wǒ yào chī málàtàng.　나는 마라탕 먹을 거야.
我　要　吃　　麻辣烫。

吃 chī 동 먹다　麻辣烫 málàtàng 명 마라탕

우어　이에　시이환　　마아라아타앙　너
Wǒ yě xǐhuan málàtàng ne!　나도 마라탕 좋아하는데!
我　也　喜欢　　麻辣烫　呢!

也 yě 부 ~도, 또한　喜欢 xǐhuan 동 좋아하다

꽉꽉이

우어먼　취이　츙　바
Wǒmen qù chī ba!　우리 먹으러 가자!
我们　去　吃　吧!

去 qù 동 가다　吃 chī 동 먹다

공공이

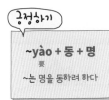

기초문장 착!착!착!

🔊 '~yào(要) + 동사 + 명사(~는 명사를 동사하려 하다)' 공식을 사용한 기초 문장을 착!착!착! 익혀보아요. 부정할 때는
bù(不)를, 물을 때는 ma?(吗?)를 넣으면 돼요.

긍정하기

~yào + 동 + 명	
要	
~는 명을 동하려 하다	

우어　이아오　춤　　마아라아타앙
Wǒ yào chī málàtàng.
我　　要　　吃　　麻辣烫。
나는　~하려 하다　먹다　마라탕을

나는 마라탕 먹을 거야.

부정하기

~bú yào + 동 + 명	
不　要	
~는 명을 동하려 하지 않는다	

우어　부우　이아오　춤　　마아라아타앙
Wǒ bú yào chī málàtàng.
我　不　　要　　吃　　麻辣烫。
나는　아니　~하려 하다　먹다　마라탕을

나는 마라탕 안 먹을 거야.

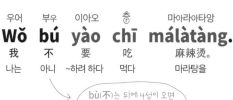

> bù(不)는 뒤에 4성이 오면
> 2성으로 발음해요.

吗로 묻기

~yào + 동 + 명 ma?	
要　　吗	
~는 명을 동하려 하니?	

니이　이아오　춤　　마아라아타앙　마
Nǐ yào chī málàtàng ma?
你　　要　　吃　　麻辣烫　　吗?
너는　~하려 하다　먹다　마라탕을　~니?

너는 마라탕 먹을 거야?

정반의문문으로 묻기

~yào bu yào + 동 + 명?	
要 不 要	
~는 명을 동하려 하니 안 하려 하니?	

니이　이아오　부　이아오　춤　　마아라아타앙
Nǐ yào bu yào chī málàtàng?
你　　要　　不　　要　　吃　　麻辣烫?
너는　~하려 하다　안　~하려 하다　먹다　마라탕을

너는 마라탕 먹을 거야
안 먹을 거야?

활용단어 쏙!쏙!쏙! 🔊 '~yào(要) + 동사 + 명사(~는 명사를 동사하려 하다)'에 조동사
yào(要)와 자주 쓰이는 표현을 쏙!쏙!쏙! 넣어서 말해보세요.

활용단어

후안 꼬옹찌아오츨어	다아 츨어	찌아오 나안프엉여우	다아꼬옹
huàn gōngjiāochē	**dǎchē**	**jiāo nán péngyou**	**dǎgōng**
换公交车	打车	交男朋友	打工
버스로 갈아타다	택시를 타다	남자친구를 사귀다	아르바이트하다

긍정하기

Wǒ 我	**yào** 要	**huàn gōngjiāochē** 换公交车。	나는 버스로 갈아탈 거야.
Wǒ 我	**yào** 要	**dǎchē** 打车。	나는 택시를 탈 거야.
Wǒ 我	**yào** 要	**jiāo nán péngyou** 交男朋友。	나는 남자친구를 사귈 거야.
Wǒ 我	**yào** 要	**dǎgōng** 打工。	나는 아르바이트 할 거야.

부정하기

Wǒ 我	**bú** 不	**yào** 要	**huàn gōngjiāochē** 换公交车。	나는 버스로 안 갈아탈 거야.
Wǒ 我	**bú** 不	**yào** 要	**dǎchē** 打车。	나는 택시를 안 탈 거야.
Wǒ 我	**bú** 不	**yào** 要	**jiāo nán péngyou** 交男朋友。	나는 남자친구를 안 사귈 거야.
Wǒ 我	**bú** 不	**yào** 要	**dǎgōng** 打工。	나는 아르바이트 안 할 거야.

吗로 묻기

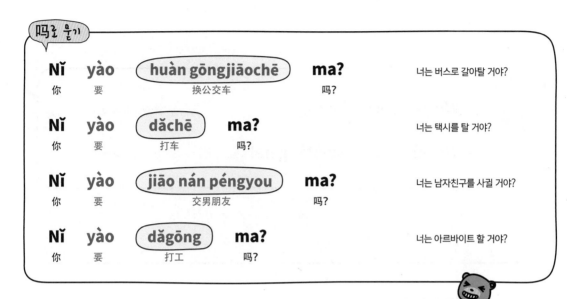

Nǐ yào huàn gōngjiāochē ma?
你 要 换公交车 吗?
너는 버스로 갈아탈 거야?

Nǐ yào dǎchē ma?
你 要 打车 吗?
너는 택시를 탈 거야?

Nǐ yào jiāo nán péngyou ma?
你 要 交男朋友 吗?
너는 남자친구를 사귈 거야?

Nǐ yào dǎgōng ma?
你 要 打工 吗?
너는 아르바이트 할 거야?

정반의문문으로 묻기

Nǐ yào bu yào huàn gōngjiāochē?
你 要 不 要 换公交车?
너는 버스로 갈아탈 거야 안 탈거야?

Nǐ yào bu yào dǎchē?
你 要 不 要 打车?
너는 택시를 탈 거야 안 탈 거야?

Nǐ yào bu yào jiāo nán péngyou?
你 要 不 要 交男朋友?
너는 남자친구를 사귈 거야 안 사귈 거야?

Nǐ yào bu yào dǎgōng?
你 要 不 要 打工?
너는 아르바이트 할 거야 안 할 거야?

★ 부록 〈활용단어 더 익혀보기〉 p.241에서 더 많은 활용단어를 공식에 쏙! 넣고 입에 착! 붙여 보아요.

🔊 아래 병음으로 된 회화를 발음에 주의하여 큰 소리로 따라 읽고 뜻을 떠올려 봅니다. 이어 오른쪽에서 우리말만 보며 중국어로 말해보고, 중국어 한자만 보며 큰 소리로 읽어봅니다.

1

A Wǒ yào chī málàtàng.　　　　　我要吃麻辣烫。

B Wǒ yě xǐhuan málàtàng ne!　　　我也喜欢麻辣烫呢!

2

A Wǒ yào huàn gōngjiāochē.　　　我要换公交车。

B Hǎo. Zàijiàn!　　　　　　　　好。再见!

好 hǎo 휑 좋다　再见 zàijiàn 잘 가(헤어질 때 하는 인사)

3

A Wǒ yào dǎgōng.　　　　　　　我要打工。

B Wèi shénme?　　　　　　　　为什么?

A Wǒ xūyào qián, xiǎng qù lǚyóu.　我需要钱, 想去旅游。

为什么 wèi shénme 대 왜　需要 xūyào 동 필요하다　想 xiǎng 조동 ~하고 싶다　去旅游 qù lǚyóu 여행을 가다

해커스 왕초보 중국어회화 10분의 기적 기초중국어 말하기

A 나는 마라탕 먹을 거야.　　　我要吃麻辣烫。

B 나도 마라탕 좋아하는데!　　　我也喜欢麻辣烫呢！

A 나는 버스로 갈아탈 거야.　　　我要换公交车。

B 알겠어. 잘 가!　　　好。再见！

A 나 아르바이트 할거야.　　　我要打工。

B 왜?　　　为什么?

A 나 돈이 필요해, 여행가고 싶어.　　　我需要钱，想去旅游。

해커스중국어
china.Hackers.com

부록
활용단어
더 익혀보기

각 DAY의 회화 공식에 사용할 수 있는 더 많은 활용단어들을 익혀보세요.

공식 문장에 단어를 쏙!쏙! 집어 넣어 훈련하다 보면 단어는 머리 속에 쏙!쏙!,
입에선 중국어 말문이 팡!팡! 터질 거예요.♬

"나는 배고파."

🎧 들으면서
따라 말하기

🔊 ~很 + 형용사(~는 형용사하다)에 사람의 상태를 나타내는 형용사를 쏙!쏙! 넣고, 입에 착! 붙여 보아요.

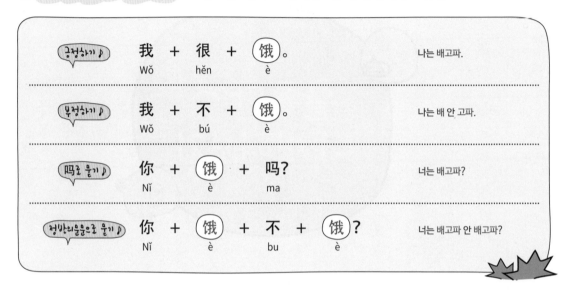

| 긍정하기 ♪ | 我 + 很 + 饿。 | 나는 배고파. |
| Wǒ hěn è | |

긍정하기 ♪ 我 + 很 + 饿。 나는 배고파.
　　　　　Wǒ　hěn　 è

부정하기 ♪ 我 + 不 + 饿。 나는 배 안 고파.
　　　　　Wǒ　bú　 è

吗로 묻기 ♪ 你 + 饿 + 吗? 너는 배고파?
　　　　　Nǐ　 è　 ma

정반의문문으로 묻기 ♪ 你 + 饿 + 不 + 饿? 너는 배고파 안 배고파?
　　　　　　　　　Nǐ　 è　 bu　 è

饱	困	懒	诚实
bǎo	kùn	lǎn	chéngshí
배부르다	졸리다	게으르다	성실하다

累	疼	穷	敏感
lèi	téng	qióng	mǐngǎn
피곤하다	아프다	가난하다	민감하다

健康	虚弱	聪明	笨
jiànkāng	xūruò	cōngming	bèn
건강하다	허약하다	똑똑하다	멍청하다

"그녀는 긴장했어."

🎧 들으면서
따라 말하기

🔊 ~很 + 형용사(~는 형용사하다)에 감정을 나타내는 형용사를 쏙!쏙! 넣고, 입에 착! 붙여 보아요.

긍정하기 ♪	她 Tā	+	很 hěn	+	紧张 jǐnzhāng	。		그녀는 긴장했어.
부정하기 ♪	她 Tā	+	不 bù	+	紧张 jǐnzhāng	。		그녀는 안 긴장했어.
吗로 묻기 ♪	她 Tā	+	紧张 jǐnzhāng	+	吗? ma			그녀는 긴장했어?
정반의문문으로 묻기 ♪	她 Tā	+	紧 jǐn	+	不 bu	+	紧张? jǐnzhāng	그녀는 긴장했어 안 긴장했어?

해커스 왕초보 중국어회화 10분의 기적 기초중국어 말하기

满意 mǎnyì 만족하다	开心 kāixīn 재미있다	幸福 xìngfú 행복하다	愉快 yúkuài 유쾌하다
兴奋 xīngfèn 흥분하다	吃惊 chījīng 놀라다	伤心 shāngxīn 상심하다	可怕 kěpà 두렵다
放心 fàngxīn 안심하다, 마음을 놓다	激动 jīdòng 감격하다	镇定 zhèndìng 침착하다	淡定 dàndìng 덤덤하다

DAY 3

"나는 귀여워."

🎧 들으면서
따라 말하기

🔊 ~很 + 형용사(~는 형용사하다)에 외모를 나타내는 형용사를 쏙!쏙! 넣고, 입에 착! 붙여 보아요.

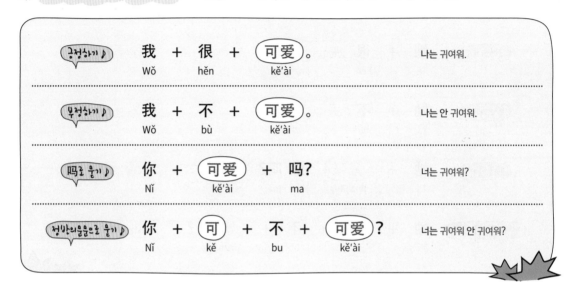

긍정하기 ♪	我 + 很 + 可爱。	나는 귀여워.
Wǒ hěn kě'ài	
부정하기 ♪	我 + 不 + 可爱。	나는 안 귀여워.
Wǒ bù kě'ài	
吗로 묻기 ♪	你 + 可爱 + 吗?	너는 귀여워?
Nǐ kě'ài ma	
정반의문문으로 묻기 ♪	你 + 可 + 不 + 可爱?	너는 귀여워 안 귀여워?
Nǐ kě bu kě'ài	

高
gāo
키가 크다

矮
ǎi
키가 작다

丑
chǒu
못생기다

好看
hǎokàn
보기 좋다

老
lǎo
늙다

年轻
niánqīng
젊다

性感
xìnggǎn
섹시하다

苗条
miáotiao
늘씬하다, 호리호리하다

美丽
měilì
아름답다

强壮
qiángzhuàng
건장하다

难看
nánkàn
보기 싫다, 흉하다

土气
tǔqì
촌스럽다

DAY 4

"이건 비싸."

🎧 들으면서
따라 말하기

🔊 ~很 + 형용사(~는 형용사하다)에 사물의 상태를 나타내는 형용사를 쏙!쏙! 넣고, 입에 착! 붙여 보아요.

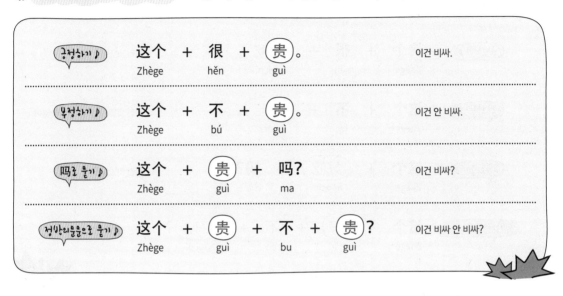

긍정하기 ♪	这个 + 很 + 贵。	이건 비싸.
	Zhège hěn guì	
부정하기 ♪	这个 + 不 + 贵。	이건 안 비싸.
	Zhège bú guì	
吗로 묻기 ♪	这个 + 贵 + 吗?	이건 비싸?
	Zhège guì ma	
정반의문음으로 묻기 ♪	这个 + 贵 + 不 + 贵?	이건 비싸 안 비싸?
	Zhège guì bu guì	

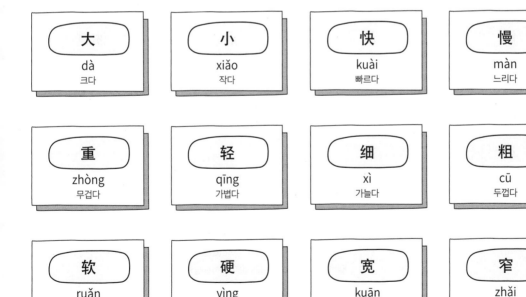

大	小	快	慢
dà	xiǎo	kuài	màn
크다	작다	빠르다	느리다

重	轻	细	粗
zhòng	qīng	xì	cū
무겁다	가볍다	가늘다	두껍다

软	硬	宽	窄
ruǎn	yìng	kuān	zhǎi
부드럽다	단단하다	넓다	좁다

"이건 맛있어."

🎧 들으면서
따라 말하기

🔊 ~很 + 형용사(~는 형용사하다)에 맛을 나타내는 형용사를 쏙!쏙! 넣고, 입에 착! 붙여 보아요.

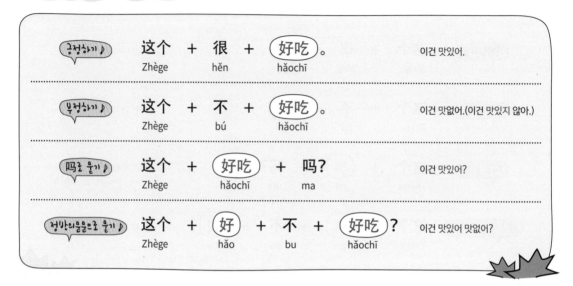

긍정하기♪	这个 Zhège	+	很 hěn	+ 好吃。 hǎochī	이건 맛있어.
부정하기♪	这个 Zhège	+	不 bú	+ 好吃。 hǎochī	이건 맛없어.(이건 맛있지 않아.)
吗로 묻기♪	这个 Zhège	+ 好吃 hǎochī	+ 吗? ma		이건 맛있어?
정반의문문으로 묻기♪	这个 Zhège	+ 好 hǎo	+ 不 bu	+ 好吃? hǎochī	이건 맛있어 맛없어?

酸
suān
시다

苦
kǔ
쓰다

涩
sè
떫다

油腻
yóunì
느끼하다

麻
má
얼얼하다

香
xiāng
맛있다, 풍미가 좋다, 향긋하다

중국 음식 하면 떠오르는 맛, 마라 麻辣(málà)는 '얼얼하다'라는
麻(má)와 '맵다'라는 辣(là)가 합쳐진 말이랍니다.

"여긴 더워."

🔊 ~很 + 형용사(~는 형용사하다)에 날씨를 나타내는 형용사를 쏙!쏙! 넣고, 입에 착! 붙여 보아요.

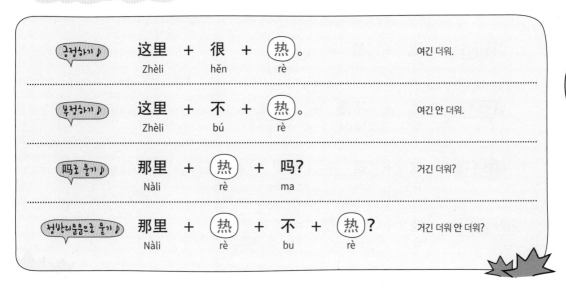

긍정하기 ♪	这里 Zhèli	+	很 hěn	+	热 rè 。		여긴 더워.
부정하기 ♪	这里 Zhèli	+	不 bú	+	热 rè 。		여긴 안 더워.
吗로 묻기 ♪	那里 Nàli	+	热 rè	+	吗? ma		거긴 더워?
정반의문문으로 묻기 ♪	那里 Nàli	+	热 rè	+	不 bu	+ 热? rè	거긴 더워 안 더워?

| 温暖 wēnnuǎn 따뜻하다 | 凉快 liángkuai 시원하다 | 闷热 mēnrè 무덥다 | 凉爽 liángshuǎng 시원하고 상쾌하다 |

| 晴朗 qínglǎng 맑다 | 阴沉 yīnchén 흐리고 어둡다 |

"여기는 비 와."는 "这里下雨(Zhèli xià yǔ)。"로 말하고,
"여기는 눈 와."는 "这里下雪(Zhèli xià xuě)。"로 말해요.
下雨(xià yǔ, 비가 오다)와 下雪(xià xuě, 눈이 오다)는 동사
이므로 很(hěn)을 쓰지 않아요.

"그는 유명인이야."

🎧 들으면서
따라 말하기

🔊 ~是＋명사(~는 명사이다)에 직업 또는 신분을 나타내는 명사를 쏙!쏙! 넣고, 입에 착! 붙여 보아요.

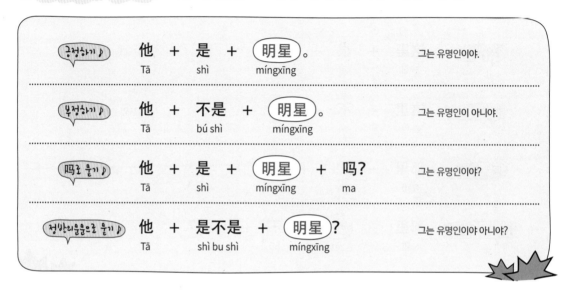

긍정하기 ♪	他 Tā	＋	是 shì	＋	明星 míngxīng 。		그는 유명인이야.
부정하기 ♪	他 Tā	＋	不是 bú shì	＋	明星 míngxīng 。		그는 유명인이 아니야.
吗로 묻기 ♪	他 Tā	＋	是 shì	＋	明星 míngxīng	＋ 吗? ma	그는 유명인이야?
정반의문문으로 묻기 ♪	他 Tā	＋	是不是 shì bu shì	＋	明星 míngxīng ?		그는 유명인이야 아니야?

服务员 fúwùyuán 종업원	厨师 chúshī 요리사	护士 hùshi 간호사	医生 yīshēng 의사
教授 jiàoshòu 교수	校长 xiàozhǎng 교장	警察 jǐngchá 경찰	总统 zǒngtǒng 대통령
公务员 gōngwùyuán 공무원	新职员 xīn zhíyuán 신입사원	韩国人 Hánguó rén 한국인	中国人 Zhōngguó rén 중국인

DAY 8

"나는 직업이 있어."

🎧 들으면서
따라 말하기

🔊 ~有 + 명사(~는 명사가 있다)에 '취미'나 '꿈'과 같은 추상 명사를 쏙!쏙! 넣고, 입에 착! 붙여 보아요.

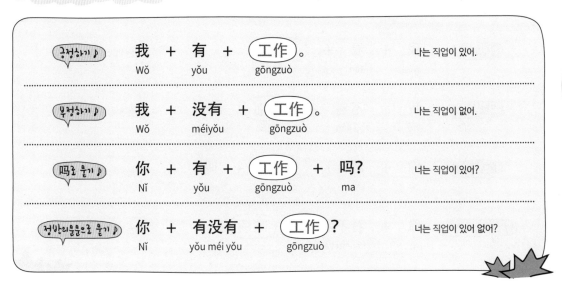

긍정하기♪	我 + 有 + 工作。	나는 직업이 있어.
	Wǒ yǒu gōngzuò	
부정하기♪	我 + 没有 + 工作。	나는 직업이 없어.
	Wǒ méiyǒu gōngzuò	
吗로 묻기♪	你 + 有 + 工作 + 吗?	너는 직업이 있어?
	Nǐ yǒu gōngzuò ma	
정반의문문으로 묻기♪	你 + 有没有 + 工作?	너는 직업이 있어 없어?
	Nǐ yǒu méi yǒu gōngzuò	

爱好
àihào
취미

梦想
mèngxiǎng
꿈

希望
xīwàng
희망

口福
kǒufú
먹을 복

事情
shìqing
일

经验
jīngyàn
경험

办法
bànfǎ
방법

问题
wèntí
문제

作业
zuòyè
숙제

想法
xiǎngfǎ
생각

人气
rénqì
인기

信心
xìnxīn
믿음

DAY 9 "나는 먹방을 봐."

🎧 들으면서
따라 말하기

🔊 ~看 + 명사(~는 명사를 보다)에 볼 것을 나타내는 명사를 쏙!쏙! 넣고, 입에 착! 붙여 보아요.

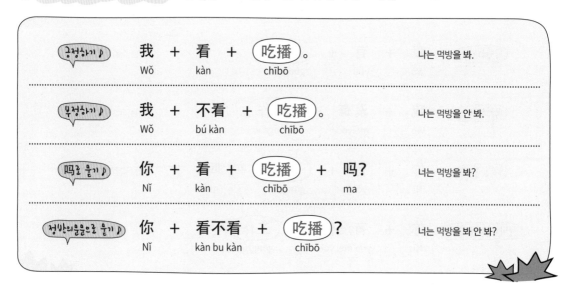

긍정하기 ♪	我 + 看 + 吃播 。	나는 먹방을 봐.
	Wǒ　　kàn　　chībō	
부정하기 ♪	我 + 不看 + 吃播 。	나는 먹방을 안 봐.
	Wǒ　　bú kàn　　chībō	
吗로 묻기 ♪	你 + 看 + 吃播 + 吗?	너는 먹방을 봐?
	Nǐ　　kàn　　chībō　　ma	
정반의문문으로 묻기 ♪	你 + 看不看 + 吃播?	너는 먹방을 봐 안 봐?
	Nǐ　　kàn bu kàn　　chībō	

书
shū
책

小说
xiǎoshuō
소설

杂志
zázhì
잡지

报纸
bàozhǐ
신문

网漫
wǎngmàn
웹툰

照片
zhàopiàn
사진

风景
fēngjǐng
경치

戏
xì
연극

电视剧
diànshìjù
드라마

球赛
qiúsài
구기 시합

奥运会
Àoyùnhuì
올림픽

世界杯
Shìjièbēi
월드컵

"나는 은행에 가."

🎧 들으면서
따라 말하기

🔊 ~去 + 명사(~는 명사에 가다)에 장소를 나타내는 명사를 쏙!쏙! 넣고, 입에 착! 붙여 보아요.

공정하기 ♪	我 + 去 + 银行 。 Wǒ　 qù 　yínháng	나는 은행에 가.
부정하기 ♪	我 + 不去 + 银行 。 Wǒ　 bú qù 　yínháng	나는 은행에 안 가.
吗로 묻기 ♪	你 + 去 + 银行 + 吗? Nǐ　 qù 　yínháng 　ma	너는 은행에 가?
정반의문문으로 묻기 ♪	你 + 去不去 + 银行 ? Nǐ　 qù bu qù 　yínháng	너는 은행에 가 안 가?

面包店 miànbāodiàn 제과점	餐厅 cāntīng 식당	电影院 diànyǐngyuàn 영화관	百货商店 bǎihuòshāngdiàn 백화점
便利店 biànlìdiàn 편의점	商店 shāngdiàn 상점	市场 shìchǎng 시장	书店 shūdiàn 서점
网吧 wǎngbā PC방	美容院 měiróngyuàn 미용실	图书馆 túshūguǎn 도서관	医院 yīyuàn 병원

해커스 왕초보 중국어회화 10분의 기적 기초중국어 말하기

"그녀는 밥을 먹어."

🔊 ~吃 + 명사(~는 명사를 먹다)에 먹을 것을 나타내는 명사를 쏙!쏙! 넣고, 입에 착! 붙여 보아요.

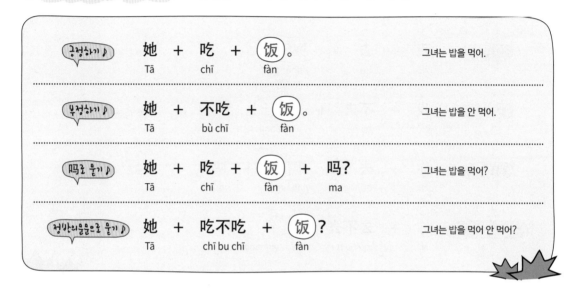

긍정하기 ♪	她 + 吃 + 饭 。	그녀는 밥을 먹어.
	Tā　chī　fàn	
부정하기 ♪	她 + 不吃 + 饭 。	그녀는 밥을 안 먹어.
	Tā　bù chī　fàn	
吗로 묻기 ♪	她 + 吃 + 饭 + 吗?	그녀는 밥을 먹어?
	Tā　chī　fàn　ma	
정반의문문으로 묻기 ♪	她 + 吃不吃 + 饭 ?	그녀는 밥을 먹어 안 먹어?
	Tā　chī bu chī　fàn	

饼干
bǐnggān
과자

沙拉
shālā
샐러드

三明治
sānmíngzhì
샌드위치

炒年糕
chǎoniángāo
떡볶이

蛋糕
dàngāo
케이크

汉堡包
hànbǎobāo
햄버거

意大利面
yìdàlìmiàn
스파게티

炸啤
zhápí
치맥

饺子
jiǎozi
교자

麻辣烫
málàtàng
마라탕

锅包肉
guōbāoròu
꿔바오로우

北京烤鸭
Běijīngkǎoyā
북경오리

"나는 할아버지를 사랑해."

🎧 들으면서
따라 말하기

🔊 ~爱＋명사(~는 명사를 사랑하다)에 사랑의 대상이 되는 사람 명사를 쏙!쏙! 넣고, 입에 착! 붙여 보아요.

긍정하기 ♪	我 ＋ 爱 ＋ 爷爷。	나는 할아버지를 사랑해.
	Wǒ　ài　yéye	
부정하기 ♪	我 ＋ 不爱 ＋ 爷爷。	나는 할아버지를 안 사랑해.
	Wǒ　bú ài　yéye	
吗로 묻기 ♪	你 ＋ 爱 ＋ 爷爷 ＋ 吗?	너는 할아버지를 사랑해?
	Nǐ　ài　yéye　ma	
정반의문문으로 묻기 ♪	你 ＋ 爱不爱 ＋ 爷爷?	너는 할아버지를 사랑해 안 사랑해?
	Nǐ　ài bu ài　yéye	

哥哥	姐姐	弟弟	妹妹
gēge	jiějie	dìdi	mèimei
형, 오빠	누나, 언니	남동생	여동생

奶奶	叔叔	女儿	儿子
nǎinai	shūshu	nǚ'ér	érzi
할머니	삼촌	딸	아들

自己	朋友	女朋友	男朋友
zìjǐ	péngyou	nǚ péngyou	nán péngyou
자기 자신	친구	여자친구	남자친구

"엄마는 봄을 좋아해."

🎧 들으면서
따라 말하기

🔊 ~喜欢 + 명사(~는 명사를 좋아하다)에 좋아하는 대상이 될 수 있는 명사를 쏙!쏙! 넣고, 입에 착! 붙여 보아요.

긍정하기 ♪

妈妈 + 喜欢 + (春天)。   엄마는 봄을 좋아해.
Māma   xǐhuan   chūntiān

부정하기 ♪

妈妈 + 不喜欢 + (春天)。   엄마는 봄을 안 좋아해.
Māma   bù xǐhuan   chūntiān

吗로 묻기 ♪

妈妈 + 喜欢 + (春天) + 吗?   엄마는 봄을 좋아해?
Māma   xǐhuan   chūntiān   ma

정반의문문으로 묻기 ♪

妈妈 + 喜不喜欢 + (春天)?   엄마는 봄을 좋아해 안 좋아해?
Māma   xǐ bu xǐhuan   chūntiān

秋天
qiūtiān
가을

冬天
dōngtiān
겨울

白色
báisè
하얀색

红色
hóngsè
빨간색

山
shān
산

大海
dàhǎi
바다

花
huā
꽃

饰品
shìpǐn
액세서리

帽子
màozi
모자

小猫
xiǎo māo
고양이

苹果
píngguǒ
사과

香蕉
xiāngjiāo
바나나

DAY 14

"아빠는 맥주를 마셔."

🎧 들으면서
따라 말하기

🔊 ~喝 + 명사(~는 명사를 마시다)에 마실 것을 나타내는 명사를 쏙!쏙! 넣고, 입에 착! 붙여 보아요.

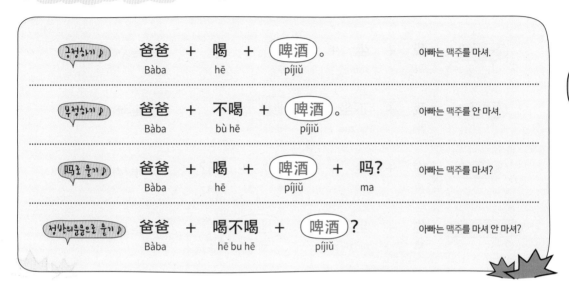

긍정하기 ♪	爸爸 Bàba	+	喝 hē	+	(啤酒 píjiǔ)	。	아빠는 맥주를 마셔.
부정하기 ♪	爸爸 Bàba	+	不喝 bù hē	+	(啤酒 píjiǔ)	。	아빠는 맥주를 안 마셔.
吗로 묻기 ♪	爸爸 Bàba	+	喝 hē	+	(啤酒 píjiǔ)	+ 吗? ma	아빠는 맥주를 마셔?
정반의문문으로 묻기 ♪	爸爸 Bàba	+	喝不喝 hē bu hē	+	(啤酒 píjiǔ)?		아빠는 맥주를 마셔 안 마셔?

绿茶 lǜchá 녹차	红茶 hóngchá 홍차	冰红茶 bīng hóngchá 아이스티	果汁 guǒzhī 과일주스
汽水 qìshuǐ 탄산 음료	柠檬汽水 níngméng qìshuǐ 레모네이드	牛奶 niúnǎi 우유	热巧克力 rè qiǎokèlì 핫초코
拿铁 nátiě 라떼	红酒 hóngjiǔ 와인	烧酒 shāojiǔ 소주	白酒 báijiǔ 고량주

"나는 지하철을 타. _____"

🎧 들으면서
따라 말하기

🔊 ~坐 + 명사(~는 명사를 타다)에 탈 것을 나타내는 명사를 쏙!쏙! 넣고, 입에 착! 붙여 보아요.

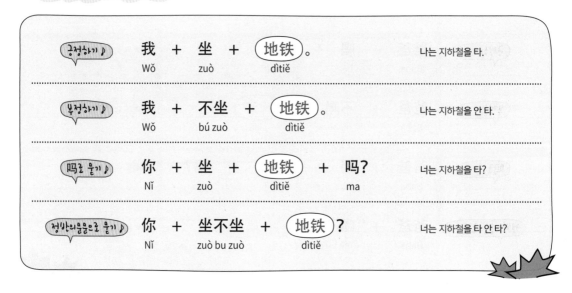

긍정하기 ♪	我 Wǒ	+	坐 zuò	+	地铁 dìtiě	。		나는 지하철을 타.
부정하기 ♪	我 Wǒ	+	不坐 bú zuò	+	地铁 dìtiě	。		나는 지하철을 안 타.
吗로 묻기 ♪	你 Nǐ	+	坐 zuò	+	地铁 dìtiě	+	吗? ma	너는 지하철을 타?
정반의문문으로 묻기 ♪	你 Nǐ	+	坐不坐 zuò bu zuò	+	地铁 dìtiě	?		너는 지하철을 타 안 타?

汽车 qìchē 자동차	火车 huǒchē 기차	快车 kuàichē 고속 열차	大巴 dàbā 버스
船 chuán 배	扶梯 fútī 에스컬레이터	电梯 diàntī 엘리베이터	缆车 lǎnchē 케이블카

自行车(zìxíngchē, 자전거)와 摩托车(mótuōchē, 오토바이)는 동사 坐(zuò, 타다) 대신 동사 骑(qí, 타다)를 써서 말해요.
→ "나는 자전거를 타." 我骑自行车。 Wǒ qí zìxíngchē.
→ "나는 오토바이를 타." 我骑摩托车。 Wǒ qí mótuōchē.

"우리 엄마는 <u>중국어를</u> 배워."

🎧 들으면서
따라 말하기

🔊 ~学 + 명사(~는 명사를 배우다)에 배움의 대상이 되는 명사를 쏙!쏙! 넣고, 입에 착! 붙여 보아요.

공정하기 ♪	我妈妈 Wǒ māma	+	学 xué	+	汉语 Hànyǔ	。		우리 엄마는 중국어를 배워.
부정하기 ♪	我妈妈 Wǒ māma	+	不学 bù xué	+	汉语 Hànyǔ	。		우리 엄마는 중국어를 안 배워.
吗로 묻기 ♪	你妈妈 Nǐ māma	+	学 xué	+	汉语 Hànyǔ	+	吗? ma	너희 엄마는 중국어를 배우셔?
정반의문문으로 묻기 ♪	你妈妈 Nǐ māma	+	学不学 xué bu xué	+	汉语? Hànyǔ			너희 엄마는 중국어를 배우셔 안 배우셔?

해커스 왕초보 중국어회화 10분의 기적 기초중국어 말하기

| 西班牙语
Xībānyáyǔ
스페인어 | 越南语
Yuènányǔ
베트남어 | 法语
Fǎyǔ
프랑스어 | 粤语
Yuèyǔ
광둥어 |

| 书法
shūfǎ
서예 | 美术
měishù
미술 | 茶道
chádào
다도 | 武术
wǔshù
무술 |

| 剪辑
jiǎnjí
편집 | 计算机
jìsuànjī
컴퓨터 | 教育学
jiàoyùxué
교육학 | 心理学
xīnlǐxué
심리학 |

DAY 17 "나는 보고서를 써."

🎧 들으면서
따라 말하기

🔊 ~写 + 명사(~는 명사를 쓰다)에 쓸 것을 나타내는 명사를 쏙!쏙! 넣고, 입에 착! 붙여 보아요.

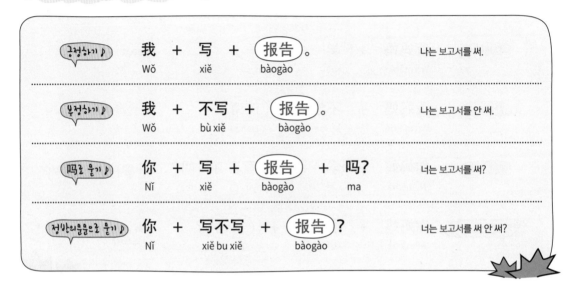

공정하기 ♪ 我 + 写 + 报告。 나는 보고서를 써.
Wǒ xiě bàogào

부정하기 ♪ 我 + 不写 + 报告。 나는 보고서를 안 써.
Wǒ bù xiě bàogào

吗로 묻기 ♪ 你 + 写 + 报告 + 吗? 너는 보고서를 써?
Nǐ xiě bàogào ma

정반의문문으로 묻기 ♪ 你 + 写不写 + 报告? 너는 보고서를 써 안 써?
Nǐ xiě bu xiě bàogào

名字
míngzi
이름

学号
xué hào
학번

答案
dá'àn
답안

自我介绍
zìwǒ jièshào
자기소개서

文章
wénzhāng
글

信
xìn
편지

读后感
dúhòugǎn
독후감

游记
yóujì
여행기

歌词
gēcí
가사

散文
sǎnwén
수필

诗
shī
시

贺年卡
hèniánkǎ
연하장

DAY 18

"그녀들은 주방에 있어."

🎧 들으면서
따라 말하기

🔊 ~在 + 명사(~는 명사에 있다)에 장소를 나타내는 명사를 쏙!쏙! 넣고, 입에 착! 붙여 보아요.

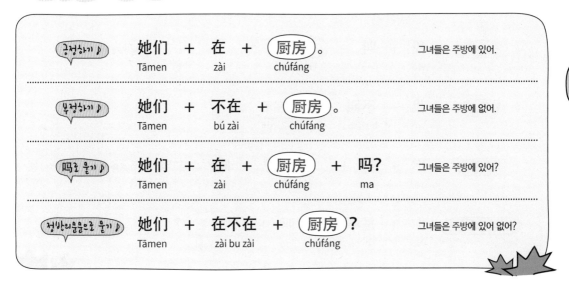

| 공정하기 ♪ | 她们 | + | 在 | + | 厨房 。 | | 그녀들은 주방에 있어. |
| | Tāmen | | zài | | chúfáng | | |

| 부정하기 ♪ | 她们 | + | 不在 | + | 厨房 。 | | 그녀들은 주방에 없어. |
| | Tāmen | | bú zài | | chúfáng | | |

| 吗로 묻기 ♪ | 她们 | + | 在 | + | 厨房 | + | 吗? | 그녀들은 주방에 있어? |
| | Tāmen | | zài | | chúfáng | | ma | |

| 정반의문문으로 묻기 ♪ | 她们 | + | 在不在 | + | 厨房 ? | | 그녀들은 주방에 있어 없어? |
| | Tāmen | | zài bu zài | | chúfáng | | |

房间	卧室	阳台	停车场
fángjiān	wòshì	yángtái	tíngchēchǎng
방	침실	베란다	주차장

教室	礼堂	宿舍	学校
jiàoshì	lǐtáng	sùshè	xuéxiào
교실	강당	기숙사	학교

自习室	健身房	汗蒸房	更衣室
zìxíshì	jiànshēnfáng	hànzhēngfáng	gēngyīshì
독서실	헬스장	찜질방	탈의실

"나는 유재석이라고 해."

🎧 들으면서
따라 말하기

🔊 ~叫 + 명사(~는 명사라고 부르다)에 이름을 나타내는 명사를 쏙!쏙! 넣고, 입에 착! 붙여 보아요.

긍정하기 ♪	我 + 叫 + 刘在石。	나는 유재석이라고 해.
	Wǒ jiào Liú Zàishí	
부정하기 ♪	我 + 不叫 + 刘在石。	나는 유재석이 아니야.
	Wǒ bú jiào Liú Zàishí	
吗로 묻기 ♪	你 + 叫 + 刘在石 + 吗?	네 이름은 유재석이니?
	Nǐ jiào Liú Zàishí ma	
정반의문문으로 묻기 ♪	你 + 是不是 + 叫 + 刘在石?	네 이름은 유재석이니 아니니?
	Nǐ shì bu shì jiào Liú Zàishí	

朴志惠
Piáo Zhìhuì
박지혜

崔正炫
Cuī Zhèngxuàn
최정현

郑知恩
Zhèng Zhī'ēn
정지은

姜圣峻
Jiāng Shèngjùn
강성준

赵昭妍
Zhào Zhāoyán
조소연

张镇优
Zhāng Zhènyōu
장진우

金妍儿
Jīn Yán'ér
김연아

李舜臣
Lǐ Shùnchén
이순신

世宗大王
Shìzōngdàwáng
세종대왕

艾莎
Ài Shā
엘사

哈利波特
Hālìbōtè
해리포터

钢铁侠
Gāngtiěxiá
아이언맨

DAY 20 "오늘은 금요일이야."

🎧 들으면서
따라 말하기

🔊 ~숫자표현(~는 숫자표현이다)에 요일 표현을 쏙!쏙! 넣고, 입에 착! 붙여 보아요.

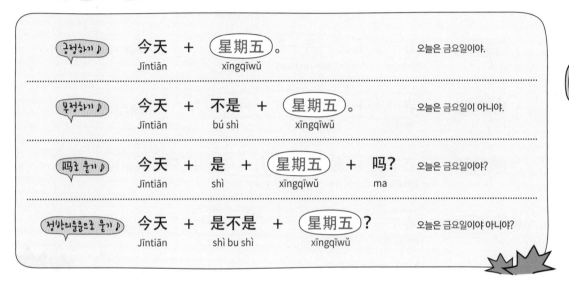

| 긍정하기 ♪ | 今天
Jīntiān | + | 星期五
xīngqīwǔ 。 | | | 오늘은 금요일이야. |

| 부정하기 ♪ | 今天
Jīntiān | + | 不是
bú shì | + | 星期五
xīngqīwǔ 。 | 오늘은 금요일이 아니야. |

| 吗로 묻기 ♪ | 今天
Jīntiān | + | 是
shì | + | 星期五
xīngqīwǔ | + 吗?
ma | 오늘은 금요일이야? |

| 정반의문문으로 묻기 ♪ | 今天
Jīntiān | + | 是不是
shì bu shì | + | 星期五
xīngqīwǔ ? | | 오늘은 금요일이야 아니야? |

| 星期一
xīngqīyī
월요일 | 星期二
xīngqī'èr
화요일 | 星期三
xīngqīsān
수요일 | 星期四
xīngqīsì
목요일 |

| 星期五
xīngqīwǔ
금요일 | 星期六
xīngqīliù
토요일 | 星期天
xīngqītiān
일요일 | 礼拜天
lǐbàitiān
일요일 |

| 周日
zhōurì
일요일 |

周末(zhōumò, 주말), 休息日(xiūxirì, 휴일), 公休日(gōngxiūrì, 공휴일)은 Day 7의 '~是+명사' 공식을 써서 말해요.
→ "오늘은 주말이다." 今天是周末. Jīntiān shì zhōumò.
→ "오늘은 휴일이다." 今天是休息日. Jīntiān shì xiūxirì.
→ "오늘은 공휴일이다." 今天是公休日. Jīntiān shì gōngxiūrì.

"춘절은 1월 1일이야."

🎧 들으면서
따라 말하기

🔊 ~숫자표현(~는 숫자표현이다)에 **기념일**과 **날짜**를 쏙!쏙! 넣고, 입에 착! 붙여 보아요.

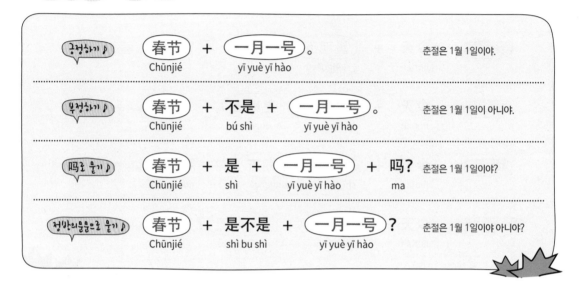

긍정하기 ♪	春节 Chūnjié	+	一月一号 yī yuè yī hào	。	춘절은 1월 1일이야.
부정하기 ♪	春节 Chūnjié	+ 不是 bú shì +	一月一号 yī yuè yī hào	。	춘절은 1월 1일이 아니야.
吗로 묻기 ♪	春节 Chūnjié	+ 是 shì +	一月一号 yī yuè yī hào	+ 吗? ma	춘절은 1월 1일이야?
정반의문문으로 묻기 ♪	春节 Chūnjié	+ 是不是 shì bu shì +	一月一号 yī yuè yī hào	?	춘절은 1월 1일이야 아니야?

愚人节 / 四月一号
Yúrénjié / sì yuè yī hào
만우절 / 4월 1일

劳动节 / 五月一号
Láodòngjié / wǔ yuè yī hào
노동절 / 5월 1일

情人节 / 二月十四号
Qíngrénjié / èr yuè shísì hào
밸런타인데이 / 2월 14일

圣诞节 / 十二月二十五号
Shèngdànjié / shí'èr yuè èrshíwǔ hào
크리스마스 / 12월 25일

中秋节 / 阴历八月十五号
Zhōngqiūjié / yīnlì bā yuè shíwǔ hào
중추절 / 음력 8월 15일

DAY 22

"나는 38살이야."

🎧 들으면서
따라 말하기

🔊 ~숫자표현(~는 숫자표현이다)에 나이 표현을 쏙!쏙! 넣고, 입에 착! 붙여 보아요.

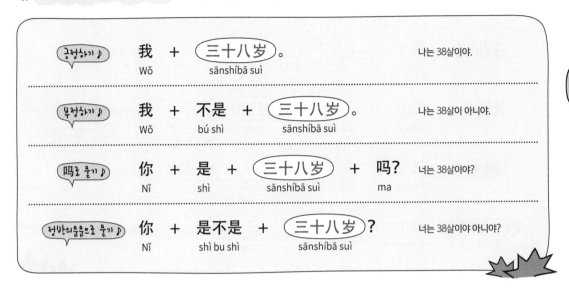

| 긍정하기 ♪ | 我 Wǒ + 三十八岁 sānshíbā suì 。 | 나는 38살이야. |

| 부정하기 ♪ | 我 Wǒ + 不是 bú shì + 三十八岁 sānshíbā suì 。 | 나는 38살이 아니야. |

| 吗로 묻기 ♪ | 你 Nǐ + 是 shì + 三十八岁 sānshíbā suì + 吗? ma | 너는 38살이야? |

| 정반의 의문문으로 묻기 ♪ | 你 Nǐ + 是不是 shì bu shì + 三十八岁 sānshíbā suì ? | 너는 38살이야 아니야? |

十岁
shí suì
10살

十八岁
shíbā suì
18살

二十岁
èrshí suì
20살

三十五岁
sānshíwǔ suì
35살

四十九岁
sìshíjiǔ suì
49살

五十七岁
wǔshíqī suì
57살

六十二岁
liùshí'èr suì
62살

七十四岁
qīshísì suì
74살

중국어에서는 "나는 80년대생이야."와 같은 말을 흔히 한답니다. 이런 말은
八零后(bā líng hòu, 80년 이후 출생자), 九零后(jiǔ líng hòu, 90년 이후
출생자)와 같은 표현과 DAY 7의 '~是(shì)+명사' 공식을 써서 말하면 돼요.
→ "나는 80년대생이야." 我是八零后。 Wǒ shì bā líng hòu.
→ "나는 90년대생이야." 我是九零后。 Wǒ shì jiǔ líng hòu.

DAY 23

"이것은 5000위안이에요."

🎧 들으면서
따라 말하기

🔊 ~숫자표현(~는 숫자표현이다)에 금액 표현을 쏙!쏙! 넣고, 입에 착! 붙여 보아요.

긍정하기 ♪
这个 + 五千块。
Zhège   wǔqiān kuài
이것은 5000위안이에요.

부정하기 ♪
这个 + 不是 + 五千块。
Zhège   bú shì   wǔqiān kuài
이것은 5000위안이 아니에요.

吗로 묻기 ♪
这个 + 是 + 五千块 + 吗?
Zhège   shì   wǔqiān kuài   ma
이것은 5000위안이에요?

정반의문문으로 묻기 ♪
这个 + 是不是 + 五千块?
Zhège   shì bu shì   wǔqiān kuài
이것은 5000위안이에요 아니에요?

两块
liǎng kuài
2위안

五十一块九毛
wǔshíyī kuài jiǔ máo
51.9위안

四十九块
sìshíjiǔ kuài
49위안

八百五十六块
bābǎi wǔshíliù kuài
856위안

九百九十九块九毛
jiǔbǎi jiǔshíjiǔ kuài jiǔ máo
999.9위안

一千四(百)(块)
yìqiān sì(bǎi) (kuài)
1400위안

七十块三毛
qīshí kuài sān máo
70.3위안

三千零六十块
sānqiān líng liùshí kuài
3060위안

六千零六块
liùqiān líng liù kuài
6006위안

"지금은 3시야."

🎧 들으면서
따라 말하기

🔊 ~숫자표현(~는 숫자표현이다)에 **시간 표현**을 쏙!쏙! 넣고, 입에 착! 붙여 보아요.

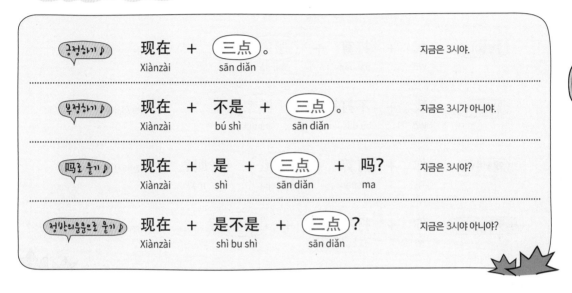

긍정하기 ♪	现在 Xiànzài	+	三点。 sān diǎn	지금은 3시야.
부정하기 ♪	现在 Xiànzài	+ 不是 + bú shì	三点。 sān diǎn	지금은 3시가 아니야.
吗로 묻기 ♪	现在 Xiànzài	+ 是 + shì	三点 + 吗? sān diǎn　ma	지금은 3시야?
정반의문문으로 묻기 ♪	现在 Xiànzài	+ 是不是 + shì bu shì	三点? sān diǎn	지금은 3시야 아니야?

八点半
bā diǎn bàn
8시 반

一点一刻
yī diǎn yíkè
1시 15분

两点半
liǎng diǎn bàn
2시 반

十一点五十分
shíyī diǎn wǔshí fēn
11시 50분

差十分八点
chà shí fēn bā diǎn
8시 10분 전(7시 50분)

差十分十二点
chà shí fēn shí'èr diǎn
12시 10분 전(11시 50분)

差一刻五点
chà yíkè wǔ diǎn
5시 15분 전(4시 45분)

 * '差(chà)'는 시간에서 쓰일 때 '~분 전'이라는 뜻이에요. 몇 분 전을 먼저 말한 후에 시간을 말하면 돼요.

早上七点四十五分
zǎoshang qī diǎn sìshíwǔ fēn
아침 7시 45분

晚上九点五十六分
wǎnshang jiǔ diǎn wǔshíliù fēn
저녁 9시 56분

* 早上(zǎoshang)은 오전이라는 뜻이에요.

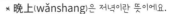 * 晚上(wǎnshang)은 저녁이란 뜻이에요.

나는 이사를 갈 계획이야."

🎧 들으면서
따라 말하기

🔊 ~打算+동사+명사(~는 명사를 동사 할 계획이다)에 계획하는 일을 나타내는 표현을 쏙!쏙! 넣고, 입에 착! 붙여 보아요.

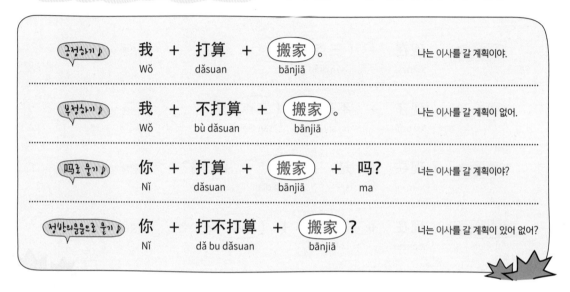

긍정하기 ♪	我 Wǒ	+	打算 dǎsuan	+	(搬家) bānjiā	。		나는 이사를 갈 계획이야.
부정하기 ♪	我 Wǒ	+	不打算 bù dǎsuan	+	(搬家) bānjiā	。		나는 이사를 갈 계획이 없어.
吗로 묻기 ♪	你 Nǐ	+	打算 dǎsuan	+	(搬家) bānjiā	+	吗? ma	너는 이사를 갈 계획이야?
정반의문문으로 묻기 ♪	你 Nǐ	+	打不打算 dǎ bu dǎsuan	+	(搬家) bānjiā	?		너는 이사를 갈 계획이 있어 없어?

买衣服
mǎi yīfu
옷을 사다

剪头发
jiǎn tóufa
이발하다

节食
jiéshí
식이 조절을 하다

锻炼身体
duànliàn shēntǐ
운동을 하다

逃课
táokè
땡땡이를 치다

准备考试
zhǔnbèi kǎoshì
시험을 준비하다

找工作
zhǎo gōngzuò
일을 찾다

离职
lízhí
이직을 하다

请假
qǐngjià
휴가를 내다

戒烟
jièyān
금연을 하다

开店
kāi diàn
개업을 하다

结婚
jiéhūn
결혼을 하다

"나는 제주도 가고 싶어."

🎧 들으면서
따라 말하기

🔊 ~想+동사+명사(~는 명사를 동사하고 싶다)에 하고 싶은 일을 나타내는 표현을 쏙!쏙! 넣고, 입에 착! 붙여 보아요.

긍정하기 ♪	我 + 想 + 去济州岛。 Wǒ xiǎng qù Jìzhōudǎo	나는 제주도 가고 싶어.
부정하기 ♪	我 + 不想 + 去济州岛。 Wǒ bù xiǎng qù Jìzhōudǎo	나는 제주도 안 가고 싶어.
吗로 묻기 ♪	你 + 想 + 去济州岛 + 吗? Nǐ xiǎng qù Jìzhōudǎo ma	너는 제주도 가고 싶어?
정반의문문으로 묻기 ♪	你 + 想不想 + 去济州岛? Nǐ xiǎng bu xiǎng qù Jìzhōudǎo	너는 제주도 가고 싶어 안 가고 싶어?

활용단어
부록

해커스 왕초보 중국어회화 10분의 기적 기초중국어 말하기

吃生鱼片
chī shēngyúpiàn
회를 먹다

喝鸡尾酒
hē jīwěijiǔ
칵테일을 마시다

去散步
qù sànbù
산책을 가다

看夜景
kàn yèjǐng
야경을 보다

听音乐
tīng yīnyuè
음악을 듣다

买电脑
mǎi diànnǎo
컴퓨터를 사다

学跳舞
xué tiàowǔ
춤을 배우다

逛街
guàngjiē
아이쇼핑 하다

聊天
liáotiān
얘기하다

洗澡
xǐzǎo
목욕하다

休息
xiūxi
휴식하다

睡觉
shuìjiào
잠을 자다

"나는 지금 퇴근할 수 있어."

🎧 들으면서
따라 말하기

🔊 ~能+동사+명사(~는 명사를 동사 할 수 있다)에 할 수 있는 일을 나타내는 표현을 쏙!쏙! 넣고, 입에 착! 붙여 보아요.

긍정하기♪	我 + 能 + 下班 。	나는 퇴근할 수 있어.
	Wǒ　néng　xiàbān	
부정하기♪	我 + 不能 + 下班 。	나는 퇴근할 수 없어.
	Wǒ　bù néng　xiàbān	
吗로 묻기♪	你 + 能 + 下班 + 吗?	너는 퇴근할 수 있어?
	Nǐ　néng　xiàbān　ma	
정반의문문으로 묻기♪	你 + 能不能 + 下班 ?	너는 퇴근할 수 있어 없어?
	Nǐ　néng bu néng　xiàbān	

工作	帮忙	出差	毕业
gōngzuò	bāngmáng	chūchāi	bìyè
일을 하다	돕다, 바쁜 것을 돕다	출장을 가다	졸업을 하다

借钱	赚钱	买单	做生意
jiè qián	zhuàn qián	mǎidān	zuò shēngyi
돈을 빌려주다	돈을 벌다	계산하다, 한턱내다	장사를 하다

化妆	唱高音	心算	速读
huàzhuāng	chàng gāoyīn	xīnsuàn	sù dú
화장하다	고음을 내다	암기하다	속독하다

"나는 수영할 줄 알아."

🎧 들으면서
따라 말하기

🔊 ~会+동사+명사(~는 명사를 동사 할 수 있다)에 **익혀서 할 줄 알게 된 동작을 쏙!쏙!** 넣고, 입에 착! 붙여 보아요.

긍정하기♪	我 Wǒ	+	会 huì	+	游泳 yóuyǒng	。		나는 수영할 줄 알아.
부정하기♪	我 Wǒ	+	不会 bú huì	+	游泳 yóuyǒng	。		나는 수영할 줄 몰라.
吗로 묻기♪	你 Nǐ	+	会 huì	+	游泳 yóuyǒng	+	吗? ma	너는 수영할 줄 알아?
정반의문문으로 묻기♪	你 Nǐ	+	会不会 huì bu huì	+	游泳? yóuyǒng			너는 수영할 줄 알아 몰라?

打网球	打高尔夫球	拉小提琴	弹吉他
dǎ wǎngqiú	dǎ gāo'ěrfūqiú	lā xiǎotíqín	tán jítā
테니스를 치다	골프를 치다	바이올린을 켜다	기타를 치다

画画儿	说汉语	织毛衣	做衣服
huà huàr	shuō Hànyǔ	zhī máoyī	zuò yīfu
그림을 그리다	중국어를 말하다	뜨개질을 하다	옷을 만들다

照相	烤面包	插花	骑马
zhàoxiàng	kǎo miànbāo	chāhuā	qí mǎ
사진을 찍다	빵을 굽다	꽃꽂이를 하다	승마를 하다

DAY 29

"그는 운전해도 돼."

🎧 들으면서
따라 말하기

🔊 ~可以+동사+명사(~는 명사를 동사해도 된다)에 여러 동작 표현을 쏙!쏙! 넣고, 입에 착! 붙여 보아요.

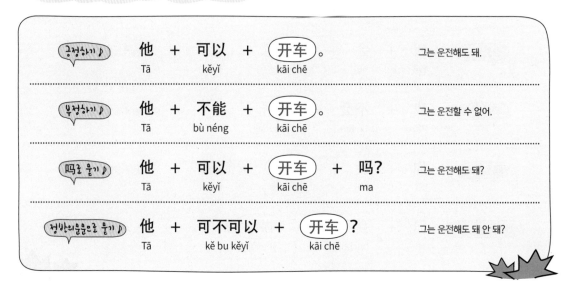

긍정하기 ♪	他 Tā	+	可以 kěyǐ	+	开车 kāi chē		。	그는 운전해도 돼.
부정하기 ♪	他 Tā	+	不能 bù néng	+	开车 kāi chē		。	그는 운전할 수 없어.
吗로 묻기 ♪	他 Tā	+	可以 kěyǐ	+	开车 kāi chē	+ 吗? ma		그는 운전해도 돼?
정반의문문으로 묻기 ♪	他 Tā	+	可不可以 kě bu kěyǐ	+	开车 kāi chē		?	그는 운전해도 돼 안 돼?

拍照
pāizhào
사진 찍다

回家
huíjiā
집으로 돌아가다

出去
chūqù
외출을 하다

参观
cānguān
참관하다

进去
jìnqù
들어가다

早退
zǎotuì
조퇴하다

出院
chūyuàn
퇴원을 하다

参加
cānjiā
참가하다

发言
fāyán
발언하다

申请
shēnqǐng
신청하다

取消
qǔxiāo
취소하다

吃药
chī yào
약을 먹다

"나는 마라탕 먹을 거야."

🎧 들으면서
따라 말하기

🔊 ~要+동사+명사(~는 명사를 동사하려 한다)에 여러 동작 표현을 쏙!쏙! 넣고, 입에 착! 붙여 보아요.

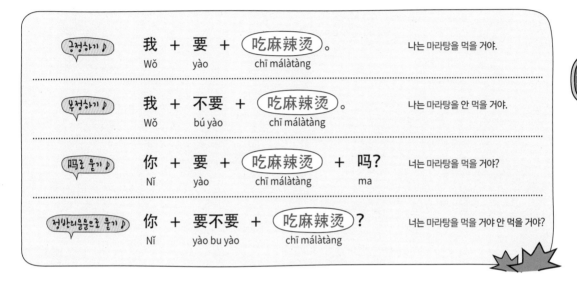

긍정하기 ♪	我	+	要	+	(吃麻辣烫)。		나는 마라탕을 먹을 거야.
	Wǒ		yào		chī málàtàng		
부정하기 ♪	我	+	不要	+	(吃麻辣烫)		나는 마라탕을 안 먹을 거야.
	Wǒ		bú yào		chī málàtàng		
吗로 묻기 ♪	你	+	要	+	(吃麻辣烫)	+ 吗?	너는 마라탕을 먹을 거야?
	Nǐ		yào		chī málàtàng	ma	
정반의문문으로 묻기 ♪	你	+	要不要	+	(吃麻辣烫)?		너는 마라탕을 먹을 거야 안 먹을 거야?
	Nǐ		yào bu yào		chī málàtàng		

省钱	报名	退款	退房
shěng qián	bàomíng	tuì kuǎn	tuì fáng
돈을 아끼다	등록하다	환불하다	체크아웃하다

预订	看医生	睡懒觉	烫发
yùdìng	kàn yīshēng	shuì lǎn jiào	tàngfà
예약하다	진찰을 받다	늦잠 자다	파마를 하다

买彩票	相亲	离婚	离开中国
mǎi cǎipiào	xiāngqīn	líhūn	líkāi Zhōngguó
복권을 사다	맞선을 보다	이혼을 하다	중국을 떠나다

해커스 왕초보 중국어회화 10분의 기적 기초 중국어 말하기

해커스

왕·초·보

중국어회화

10분의 기적

기초중국어 말하기

회화 공식 4개로 중국어 말문 트기

초판 6쇄 발행 2023년 10월 2일
초판 1쇄 발행 2019년 4월 18일

지은이	해커스 중국어연구소
펴낸곳	㈜해커스 어학연구소
펴낸이	해커스 어학연구소 출판팀

주소	서울특별시 서초구 강남대로61길 23 ㈜해커스 어학연구소
고객센터	02-537-5000
교재 관련 문의	publishing@hackers.com
	해커스중국어 사이트(china.Hackers.com) 교재Q&A 게시판
동영상강의	china.Hackers.com

ISBN	978-89-6542-286-0 (13720)
Serial Number	01-06-01

중국어인강 1위
해커스중국어 (china.Hackers.com)

해커스중국어

· 하루 10분씩 따라 하면 중국어회화가 되는 **본 교재 동영상강의**(교재 내 할인쿠폰 수록)
· 단계별 중국어 회화 및 단어, 중국어회화 레벨테스트 등 다양한 학습 콘텐츠
· 회화 공식 4개를 학습하는 듣고 따라 말하기 MP3 무료 다운로드

중국어도 역시 1위
말문이 트이는
해커스중국어 학습 시스템

[1위] 주간동아 선정 2019 한국 브랜드 만족지수 교육(중국어인강) 부문 1위

하루 10분 강의
언제 어디서나
부담 없이 짧고 쉽게!

1:1 학습케어
스타강사의 맞춤 케어로
원어민 발음 완성!

반복·응용 학습
필수 예문 반복으로 입이
저절로 기억하는 말하기

실생활 중심의
쉬운 중국어
실생활에서 200%
활용 가능한
쉬운 생활중국어